वैदेही व्यथा

(खण्डकाव्य)

डॉ. रंजना वर्मा

ISBN 978-93-5458-551-7
© डॉ. रंजना वर्मा 2021
Published in India 2021 by Pencil

A brand of
One Point Six Technologies Pvt. Ltd.
123, Building J2, Shram Seva Premises,
Wadala Truck Terminal, Wadala (E)
Mumbai 400037, Maharashtra, INDIA
E connect@thepencilapp.com
W www.thepencilapp.com

Author biography

कवियित्री का परिचय

नाम -

डॉ. रंजना वर्मा

जन्म -

15 जनवरी 1952, जौनपुर (उ0 प्र0) में ।

शिक्षा-

एम. ए. (संस्कृत, प्राचीन इतिहास) पी0 एच0 डी0 (संस्कृत)

लेखन एवम् प्रकाशन -

वर्ष 1967 से देश की लब्ध प्रतिष्ठ पत्र पत्रिकाओं में, हिंदी की लगभग सभी विधाओं में । कुछ रचनाएँ उर्दू में भी प्रकाशित ।

प्रकाशित कृतियाँ -

सावन, समर्पिता, कैकेयी का मनस्ताप, वैदेही व्यथा, संविधान निर्माता, द्रुपद - सुता, सुदामा (सभी खण्ड काव्य), चन्द्रमा की गोद में (बाल उपन्यास), समृद्धि का रहस्य, जादुई पहाड़, मङ्गला, पोंगा पण्डित (सभी बाल कथा संग्रह), मुस्कान (बाल गीत संग्रह), फुलवारी (शिशु गीत संग्रह)। जज़्बात, ख्वाहिशें , एहसास, प्यास, रंगे उल्फ़त, गुंचा, रौशनी के दिए, खुशबू रातरानी की, ख़्वाब अनछुए, शाम सुहानी, यादों के दीप, मंदाकिनी, आस किरन, बूँद बूँद आँसू (सभी ग़ज़ल संग्रह)। गीतिका गुंजन, सरगम साँसों की, रजनीगन्धा, भावांजलि (गीतिका संग्रह), सत्यनारायण कथा (पद्यानुवाद)। मुक्तक मुक्ता, मुक्तकाञ्जलि, मन के मनके (सभी मुक्तक संग्रह)। दोहा सप्तशती । एक हवेली नौ अफ़साने, रास्ते प्यार के, अमला, पायल (उपन्यास)। सूर्यास्त (कहानी संग्रह)। साईं गाथा (महाकाव्य), गीत गुंजन, गीत धारा, मीत गीत के, आ जा मेरे मीत (सभी गीत

संग्रह)। बसन्त के फूल (कुण्डलिया संग्रह)। चुटकी भर रंग, जुगनू (दोनों हाइकु संग्रह)।
चंदन वन (तांका संग्रह), इंद्रधनुष (चोका संग्रह), मेहंदी
के बूटे (सेदोका संग्रह), नयी डगर (वर्ण पिरामिड संग्रह)।

सम्पादन -

मन के मोती, मकरंद, सौरभ, मौन मुखरित हो गया (चारो कविता संग्रह), अँजुरी भर गीत (गीत संग्रह), शेष अशेष (स्मृति ग्रन्थ), हास्य प्रवाह (हास्य व्यंग्य कविताओं का संग्रह) , थूकने का रहस्य , करामाती सुपारी (दोनों हास्य व्यंग्य संग्रह)।

प्रसारण -

गीत , वार्ता , तथा कहानियों का आकाशवाणी, फैज़ाबाद से समय समय पर प्रसारण ।

सम्मान -

श्रीमती राजकिशोरी मिश्र सम्मान, श्रीमती सुभद्रा कुमारी चौहान स्मृति सम्मान, काव्यालंकार मानद उपाधि, छन्द श्री सम्मान, कुंडलिनी गौरव सम्मान, ग़ज़ल सम्राट सम्मान, श्रेष्ठ रचनाकार सम्मान, मुक्तक गौरव सम्मान, दोहा शिरोमणि सम्मान, सिंहावलोकनी मुक्तक भूषण सम्मान, दोहा मणि सम्मान।

सम्प्रति -

सेवा निवृत्त प्रधानाचार्या(रा0 बा0 इ0 कालेज जलालपुर, जिला अम्बेडकरनगर उ0 प्र0) से।

सम्पर्क सूत्र - ranjana.vermadr@gmail.com

CONTENTS

अनुक्रम

समर्पण

"नित्य कृपण के धन सा बन आँसू मेरे दृग में,
साथ चले जो साथी बन कर जीवन के मग में।
सदा प्रीति के गंगा-जल से जिसके पग धोती,
आज उसी को करूँ समर्पित ये आँसू - मोती।।"

- डॉ. रंजना वर्मा

भूमिका

भूमिका

आधुनिक हिंदी राम काव्य : वैदेही व्यथा

रामकथा चाहे जितनी भी पुरानी हो पर आदिकवि वाल्मीकि ने मुनि नारद द्वारा निर्दिष्ट सर्वगुणोपेत कौशल्यानंदवर्धन मर्यादा पुरुषोत्तम श्री राम को अपने आदि - काव्य संस्कृत महाकाव्य 'रामायण' का नायक बना कर उसे (रामकथा को) जो काव्यात्मक विग्रह प्रदान किया उसके माध्यम से उसे मानो सारस्वत - यात्रा का एक स्वर्णिम अवसर ही मिल गया । 'वाल्मीकि रामायण' को उपजीव्य बना कर परवर्ती संस्कृत कवियों ने रस - भाव संवलित काव्यमयी रचना करके एक ऐसी काव्य परंपरा का श्रीगणेश किया जिसके फलस्वरूप वह संस्कृत के विभिन्न काव्यमय मार्गों से चलती हुई पाली , प्राकृत , अपभ्रंश आदि प्राचीन भाषाओं के साहित्य लोक में पहुंच गई । फिर भी उसकी गति रुकी नहीं । वह संप्रति आधुनिक भारतीय भाषाओं हिंदी, गुजराती, मराठी, तमिल, तेलुगू, कन्नड़, बंगला आदि के विभिन्न काव्य पदों पर आरूढ़ होकर अनवरत गतिशील है । इतना ही नहीं रामकथा कि पूर्वोक्त यात्रा भारतीय क्षितिज को पार कर आज अंतर्राष्ट्रीय क्षितिज पर भी पहुंच चुकी है और इस प्रकार रामकथा अपने संदेश को दिग दिगंत तक पहुंचा रही है ।

जहां तक हिंदी साहित्य जगत में राम कथा की यात्रा का प्रश्न है उसे जैन कवियों, रसिक संप्रदाय के कवियों तथा भक्त कवियों सभी ने आगे बढ़ाया है । जैन कवियों के काव्यगत मानक पूर्व काव्य परंपरागत मानक से भिन्न हैं । कवि रामचंद्र कृत

'सीता चरित्र' इसका उदाहरण है । रसिक संप्रदाय के कवियों ने अपनी संप्रदायगत मान्यता के अनुसार कथा नायक राम की अपेक्षा सीता के चरित्र चित्रण पर विशेष बल दिया है । राम भक्त कवियों में यद्यपि गोस्वामी तुलसीदास सर्ववरेण्य स्थान पर अधिष्ठित हैं पर वह हिंदी राम काव्य के आदि प्रणेता नहीं हैं । उनके पूर्व गोस्वामी विष्णुदास रचित 'भाषा वाल्मीकि रामायण', ईश्वरदास कृत 'भरत विलाप' तथा 'अंगद पैज' आदि राम काव्य भी विद्यमान थे । तुलसी के पूर्ववर्ती सूरदास ने स्वतः रामकथा मूलक कोई स्वतंत्र रचना नहीं की है पर उनके सूरसागर में यत्र तत्र कुत्रचित राम कथा संबंधी पद उपलब्ध होते हैं । यह साहित्यिक जगत का सौभाग्य ही है कि राम कथा की अमूल्य थाती तुलसी जैसे महान राम भक्तों एवं महाकवि के हाथों पड़ गई । फलस्वरूप उन्होंने रामकथा को एक व्यापक काव्यात्मक आयाम प्रदान किया । उन्होंने रामकथा को लेकर काव्य की अनेक विधाओं में रचना की । उनका 'रामचरितमानस' तो काव्य की परा-भूमि में प्रतिष्ठित होकर आज न केवल भारतीय वांग्मय का अपितु विश्व वांग्मय का एक कीर्तिमान बन चुका है । भक्तिकाल में तुलसी के पश्चात प्राण चौहान ने 'रामायण महानाटक' तथा हृदयराम ने 'हनुमननाटक' की रचना की ।

रीतिकाल के कवियों में केशव की 'रामचंद्रिका' विशेष उल्लेखनीय है । उसके अतिरिक्त अनेक रामकथा परक काव्यों की रचनाएं हुई हैं जिनमें लालदास का 'अवध विलास', दलेल सिंह का 'राम रसार्णव', गुरु गोविंद सिंह का 'गोविंद नारायण', सहज राम वैश्य का 'रघुवंश दीपक', मधुसूदन दास का 'रामाश्वमेध', ललक दास का 'सत्योपाख्यान', बलदेव दास का 'राम विनोद', रत्नहरि का 'राम रहस्य' आदि उल्लेखनीय है ।

हिंदी के विभिन्न युगों से गुजरती हुई राम कथा ने आधुनिक हिंदी साहित्य में भी अपना एक विशेष स्थान बना लिया । परिणामतः अनेक राम - काव्य प्रकाश में आए जिनमें रामचरित उपाध्याय का 'रामचरित चिंतामणि', पंडित बलदेव मिश्र का 'कौशल किशोर' तथा 'साकेत संत', रामनाथ ज्योतिषी का 'श्रीराम चंद्रोदय', मैथिलीशरण गुप्त का 'साकेत' तथा 'पंचवटी', अयोध्या सिंह उपाध्याय हरिऔध का 'वैदेही वनवास', केदारनाथ मिश्र का 'कैकेयी', तथा बालकृष्ण शर्मा नवीन का 'उर्मिला', निराला का 'राम की शक्ति पूजा' आदि काव्य मुख्य हैं ।

यहां इस बात की चर्चा कर देना अप्रासंगिक न होगा कि आधुनिक हिंदी साहित्य में रामकथा ने महाकाव्य एवं खंडकाव्य की भांति नाटक एवं कथाओं में भी अपनी स्थिति बना ली है । इस संदर्भ में 'सीता हरण', 'सीता बनवास', 'बालि वध', 'सीता की मां' आदि रामकथा परक नाटकों एवं 'युगपुरुष राम', 'संशय की एक रात', 'मानस का हंस' आदि अनेक कथा साहित्य की रचनाएं स्मरणीय हैं ।

इधर 'जन रामायण' (अवधी में रचित) 'राम दूत', 'त्रिजटा' आदि महाकाव्य एवं 'चित्रकूट', 'सौमित्र', 'रावण का विक्षोभ', 'शत्रुघ्न', 'परशुराम की इच्छा', 'कैकेयी का मनस्ताप' प्रभृति खंडकाव्य भी प्रकाश में आए हैं ।

यहां एक बात का उल्लेख कर देना आवश्यक तथा संगत है । वह यह कि आधुनिक राम कथा परक हिंदी साहित्य में कवियों ने त्रेता युग की राम कथा में आधुनिक समस्याओं का समाधान ढूंढने का प्रयास किया है और कई कथा प्रसंगों को अपने युग के परिवेश में प्रस्तुत करने में रुचि दिखाई है । वर्ण व्यवस्था को लेकर उन्होंने शबरी, निषाद, शंबूक आदि मानवतावादी दृष्टिकोण से बालि - वध आदि, नारी समस्या की दृष्टि से सीता - हरण, सीता - निर्वासन, सीता - अग्निपरीक्षा, अहिल्या - प्रसंग आदि को अपनी रचनाओं की आधार भूमि बनाया है । वहां यह भी उल्लेख्य है कि ऐसे काव्यों के निर्माण में कवियों के निजी दृष्टिकोण ने भी प्रमुख भूमिका निभाई है ।

आधुनिक राम काव्य का पर्यवेक्षण करने पर एक बात स्पष्ट हो जाती है कि रामकथा को लेकर कवियों ने प्रबंध काव्य, खंड काव्य, नाटकों आदि सभी विधाओं में रचनाएं की हैं । इधर यह प्रवृत्ति भी दृष्टिगोचर होती है कि कवियों ने किसी भी पात्र अथवा घटना विशेष को लेकर खंडकाव्य की रचनाओं में अपनी विशेष रुचि दिखाई है । रामकथा के पात्रों में राम और सीता दो ऐसे पात्र हैं जो पूरी रामकथा को व्याप्त करते हैं । अतः प्रबंध काव्य में उनके चरित्रांकन में भी व्यापकता तथा पूर्णता है ।

जहां तक सीता का प्रश्न है यह राम कथा के स्त्री पात्रों में सर्वोच्च स्थान पर प्रतिष्ठित हैं । रामकथा परक सभी प्रबंध काव्यों में तो वे नायिका के रूप में चित्रित है पर उन्हें अथवा उनके जीवन की किसी घटना विशेष को केंद्र बिंदु बना कर अनेक स्वतंत्र काव्यों की भी रचनाएं हुई है । इस प्रकार की परंपरा की नींव जैन कवि रामचंद्र ने 'सीता चरित्र' की रचना करके पहले ही डाल दी थी जिसमें हरिऔध का 'वैदेही वनवास', 'सीता हरण', क्षेत्रपाल का 'सीता स्वयंवर' देवकीनंदन का 'सीता हरण' नाटक तथा ज्वाला प्रसाद

का 'सीता वनवास' नाटक आदि प्रमुख है । उसी सीता विषयक काव्य परंपरा में डॉक्टर रंजना वर्मा का प्रस्तुत खंडकाव्य 'वैदेही व्यथा' भी है जो आधुनिक परिवेश में नारी समस्या को दृष्टिगत कर विरचित है और कवित्री के तद विषयक वैयक्तिक दृष्टिकोण का प्रतिनिधित्व करता है ।

इस संदर्भ में यह ज्ञातव्य है कि कवियों के दृष्टिकोण भेद के कारण राम सीता आदि पात्रों के काव्यगत चित्रित स्वरूप में भी भेद परिलक्षित होता है । रामकथा चरित काव्य प्रणेताओं में अग्रणी तीन महा कवियों वाल्मीकि, तुलसी और मैथिलीशरण गुप्त की रचनाओं में चित्रित सीता के चरित्र अंकन को दृष्टिगत कर विचार करने पर उक्त भेद स्वयं स्पष्ट हो जाता है । वाल्मीकि की सीता में जहां वैदिक समाज की नारी का स्वाभिमान है वहीं तुलसी की सीता का पतिव्रत धर्म, भारतीय इतिहास के मध्य युग के प्रतिबंधों से प्रतिबंधित है और मैथिलीशरण गुप्त की सीता गांधी की अहिंसा स्वावलंबन आदि भावनाओं से भावित है ।

मैं डॉक्टर रंजना वर्मा को विगत कई वर्षों से अति निकट से जानता हूं । उनके स्वभाव एवं व्यक्तित्व का गाम्भीर्य उनके ज्ञान में भी दृष्टिगोचर होता है । वे नैसर्गिक प्रतिभा से भी मंडित हैं । उन्हें जन्मतः कवि हृदय प्राप्त है । अपने प्रतिभा चक्षु से प्राणी मात्र के अंतराल में उद्भूत भावों विशेषताओं के दर्शन कर लेती हैं फिर अपने दर्शन (अनुभूति) को अपनी अद्भुत वर्णना शक्ति के द्वारा वाणी का कलेवर प्रदान कर देती हैं । इसी दर्शन एवं वर्णन के कारण ही व्यक्ति कवि की पदवी को प्राप्त करता है ।

'दर्शनाद वर्णनाच्चाथ लोके रूढ़ा कविश्रुतिः ।'

इस प्रकार दर्शन और वर्णन दोनों दृष्टियों से कवयित्री वर्मा कवि की संज्ञा को प्राप्त करने की अधिकारी हैं । उनकी कल्पना शक्ति , हृदय की सरलता एवं भावुकता भी उल्लेखनीय है । वे कथावस्तु के मर्मस्पर्शी प्रसंगों को भली भांति जानती हैं । उनकी काव्य कला ऐसे प्रसंगों के प्रतिबिंबन एवं संबंधित प्राणी के कोमल हृदयगत भावों की अभिव्यंजना में अति कुशल है । अपनी बात को काव्यगत पात्रों के माध्यम से व्यक्त करने में वे इतनी निपुण हैं कि पाठक को कहीं से यह नहीं प्रतीत होता कि कवियित्री के पात्र काव्य प्रणेता के निर्देश पर सब कुछ कर रहे हैं । उनकी पूर्व काव्य रचना 'कैकेयी का मनस्ताप' इन सभी तथ्यों का प्रख्यापक बन चुका है ।

मैंने डॉक्टर वर्मा की काव्य कृति 'वैदेही व्यथा' की पांडुलिपि का अवलोकन किया । यह एक खंडकाव्य है जिसमें मुख्य रूप से निर्वासित सीता की व्यथा कथा को कवियित्री ने काव्यमय स्वरूप प्रदान किया है । इस दृष्टि से इस काव्य का यह अभिधान सर्वथा समीचीन एवं अनवर्थक है । खंड काव्य तीन भागों - 'अथ', 'स्मृति' तथा 'इति' में विभक्त है । इन तीनों के पहले कवियित्री डॉक्टर वर्मा ने वंदना नामक भाग को भी जोड़ा है । 'अथ' खंड में 53 ,'स्मृति' में 123 तथा 'इति' खण्ड में 137 पद्य गुम्फित हैं । इस प्रकार वंदना को छोड़ कर इस काव्य में कुल 314 पद्य हैं ।

काव्यकर्त्री ने अपने मंगलाचरण में ही अपने काव्य के कथ्य का स्पष्ट उद्घोष कर दिया है -

"शारदे ! आज तेरे पावन चरणों में नमन करूं ,

वह काव्य कला दे वैदेही गाथा का सृजन करूं ॥'

कवियित्री राम के ब्रम्हावतारत्व , उनकी तथा राम कथा की व्यापकता से भली भांति अवगत है परंतु वह इस काव्य में मात्र 'रघुवरमनरंजना' मैथिली की ही 'सघन चर्चा' करना चाहती है -

"जिस रघुवर मनरंजना रही मैथिली सदा से ही

ले मात्र एक आयाम सिया की चर्चा सघन करूँ ॥"

'चर्चा सघन करूँ' की व्यंजना स्पष्ट है । कवयित्री का कुछ कथ्य विशेष और उसकी काव्य रचना का कुछ लक्ष्य विशेष है । वह कृतसंकल्प है अपने लक्ष्य को पूरा करने हेतु । वह मात्र काव्य परंपरा प्राप्त वैदेही की व्यथा को ही अंकित नहीं करना चाहती अपितु उनके माध्यम से सामाजिक व्यवस्थाओं के घेरे में घिरी नारी मात्र की व्यथा को भी व्यक्त करना चाहती है । साथ ही नारी के हृदय में भरी चुनौतियों को सब के समक्ष प्रकट करना चाहती है तभी तो वह मां सरस्वती से अपने हठ को पूरा करने का निवेदन करती है -

"अपनी इस कृपा पात्री को अपना हठ पूरा करने दो ।"

'अथ' खंड के प्रारंभ में ही सीता जिस व्यंजनात्मक शैली में अपनी व्यथा पर प्रकाश डालती है वह नितांत मर्मस्पर्शी है -

"जो जली स्वयं इस जग को शीतल करने को

विष दग्ध रहा जीवन भर जिसका अंतस्थल ॥"07॥

नारी के प्रति मानव समाज की उपेक्षा उत्पीड़न और तिरस्कार से कुपित सीता के निम्नांकित आक्रोशों में नारी मात्र के आक्रोश की व्यंजना है -

"हूँ नारी मैं पत्नी या केवल भोग्या हूँ ?" 16

"नारी जीवन जीवन है या केवल छलना ?"

"यह जगत धात्री नहीं मात्र दासी नर की ।" 22

"क्यों अग्निपरीक्षा देती प्रतिपल जीवन में ?"24

"क्यों एकाधिक पुरुषों में है बाँटी जाती ?" 25

कवियित्री ने नारीत्व के स्वरूप को इन शब्दों में व्यक्त कर पुरुष समाज के लिए जैसे एक चुनौती खड़ी कर दी है -

"नारी नरता की जननी सृष्टिमयी काया ।"

"मैं नारी हूं नारी होना तो पाप नहीं ।"

"है दीपशिखा यह जीवन भर जलने वाली ।"

"है नारी का ही अग्निपरीक्षा भाग्य सदा ।"

इतना सब होने पर भी 'वैदेही व्यथा' की सीता अपने प्राण वल्लभ के प्रति सर्वथा समर्पित है -

"जिन चरणों में अर्पित कर बैठी जीवन को ,

उन चरणों से बांधा है इस अपने मन को ॥"

इन स्थलों में सीता के ब्याज से आदर्श पतिपरायणा भारतीय नारी का स्वरूप अंकित है ।

काव्य के 'स्मृति' खंड में सीता की स्मृतियां उनकी शैशवावस्था , माता-पिता के स्नेह , सखियों के साथ उनके आनंदमय जीवन को जैसे प्रत्यक्ष सा कर देती हैं । उन दिनों में तो वे आंसू की परिभाषा भी नहीं जानती थी । वे तो सदा सुख के उपवन में फूल के समान खिलती रहती थी ।

"थी नहीं जानती मैं आंसू की परिभाषा

सुख के उपवन में सुमन सदृश फूला करती ।

सुख के संपुट सी थी मैं तो कोमल कन्या ॥"12

इस खंड में युवती सीता के स्मृति पटल पर जनकपुर में राम लक्ष्मण का आगमन, धनुष यज्ञ, परशुराम का क्रोध, विवाह के बाद अपने पति के साथ अयोध्या

आगमन , यौवराज्याभिषेक के समाचार आदि संगठित होकर उन्हें कुछ क्षणों के लिए भाव विभोर बना देते हैं पर ज्यों ही उन्हें यौवराज्याभिषेक के समय कैकेयी के वरदान की याद आती है त्यों ही वह विपत्ति की पर्याय बन कर कह ही देती है कि सुख तो दो दिन का मेहमान बन कर आता है और चला जाता है । बस दुख ही जीवन साथी बन कर रह जाता है -

" दुख चुपके से आकर साथी बन जाता है ,

मेरी विपदा सुख का परिधान पहन आई ॥"44

उसके बाद सीता की मानस भूमि पर वनवास, उसमें शूर्पणखा प्रसंग, अपने हरण आदि की घटनाएं क्रमशः प्रतिबिंबित होती हैं । वनवास के कारण उन्हें उनके इष्टदेव के साथ जाने और रहने का अवसर देकर मंझली माँ ने मानो उनका उपकार ही किया है -

"वन भेज हमें माता ने था उप कार किया ।"

उनके पति को राजगद्दी मिलने पर भला ऐसा अवसर कहां मिलता ?

शूर्पणखा के शारीरिक अंग विच्छेदन की घटना का स्मरण कर सीता के हृदय के माध्यम से जैसे नारी मात्र का विद्रोह फूट पड़ा है । वे कहती हैं -

"अस्मिता जहां आहत होती है नारी की

अपमानित हो वह जल उठती है ज्वाला सी ।"

अग्नि - परीक्षा की स्मृति सीता की आंतरिक वेदना को उद्दीप्त कर देती है और वह वेदना भरे हृदय से इन शब्दों में अपनी आक्रोशमयी व्यथा को प्रकट करती है -

"संदेह मिटाने को ही तो अपने मन का

ले अग्नि परीक्षा था पत्नी को अपनाया ॥" 92

और उनके मर्माहत हृदय में अनेक प्रश्न उठ खड़े होते हैं जिन्हें वे वाणी के द्वारा साकार कर देती हैं -

"नारी ने कब मांगा प्रमाण पावनता का ?

यद्यपि न रहा सदा माया का अनुगामी ॥"93

वस्तुतः कवियित्री ने सीता के इस प्रश्न के माध्यम से समस्त नारी जाति के पक्ष को उठाया है जिसका पुरुष के पास कोई समाधान नहीं है । बात भी सही है । अग्निपरीक्षा नारी ही की क्यों होती है ? पुरुष की क्यों नहीं होती ?

सीता द्वारा अपने निर्वासन रूप दंड के प्रसंग में यह पूछना कितना संगत एवं

समीचीन है -

"अपराधी को नित दंडित करने से पहले

अवसर तो देते हो उसको कुछ कहने का ।

वह अवसर ही मुझको न दिया क्यों कर स्वामी ?

दे दिया अचानक दंड विरह - दुख सहने का ॥" 86

क्या इस प्रश्न का कोई भी उत्तर राजा राम के पास है ? परित्यक्ता सीता की राम के अधिकार प्रयोग के विषय में यह उक्ति कितनी गंभीर तथा सटीक है -

"जन-जन को रहे सिखाते निज कर्तव्य सदा

पर मर्म न जाना क्यों अधिकार गहनता का ?"188

उक्त सभी बातों के होते हुए भी राम द्वारा ठुकराई गई जनक नंदिनी वैदेही इस बात से पूर्ण आश्वस्त और विश्वस्त हैं कि राम के प्रति उनका अविचल प्रेम सदा बना रहेगा । वह सदा राम की ही छाया बनकर रहेंगी और उनके हृदय में सदा राम ही राम विराजमान रहेंगे ।

"है जनक नंदिनी सदा तुम्हारी ही छाया

मेरे मानस में बने रहोगे तुम ही तुम ॥" 123

काव्य - विधात्री ने सीता की वेदना व्यथा और उनके पातिव्रत धर्म एवं अडिग पति प्रेम को यथावत रखा है । यह उनकी सबसे बड़ी विशेषता है ।

काव्य के अंतिम 'इति' खंड का संपूर्ण काव्य - विग्रह सीता के वैयक्तिक विरह - वेदना से ओत प्रोत होते हुए भी उनकी अविचल पति परायणता एवं निश्छल पति प्रेम की आधार भूमि पर खड़ा है । सारा का सारा खंड सीता के "प्रतिपल पुकारती तुम्हें तुम्हारी वैदेही" तथा "तुमको पुकारती सदा रहेगी वैदेही" आदि आर्त वचनों से आप्लावित है जो उक्त तथ्य का ही उद्घोष एवं परिपोष कर रहा है । विरह वेदना से आहत वैदेही के लिए राम प्यासे नयनों की आशा हैं -

"इन प्यासे नैनो की आशा बन कर आओ ॥" इति 6 ॥

वे उनके सपनों की यथार्थता के साधक हैं -

"करने यथार्थ अपने इन सपनों को आ भी जाओ ॥37

वे उनके सुखी (जीवन) उपवन के मधुमय समीर हैं ।

"सूखे उपवन मधुमय समीर बन कर आओ ॥"46

वे उनके मानस मधुबन यौवन की फुलवारी के माली हैं ।

"मेरे माली सींची तुमने तन मन क्यारी ॥"

वे उनके तन मन की संचित अभिलाषा है । संसार की दृष्टि में उनके पतिदेव भले ही मर्यादा पुरुषोत्तम हों पर उनके लिए तो वे जीवन सर्वस्व ही हैं ।

"मैंने तो है माना अपना सर्वस्व तुम्हें ॥" 134

भारतीय पतिव्रत धर्म की मान्यता भी यही है कि पत्नी के लिए पति धर्म , तीर्थ , पुण्य , ईश्वर , सब कुछ है । ऐसी स्थिति में भारतीय सती नारियों की शिरोमणि सीता का बस एक ही अभिलषित वर है । वह यह कि वे सदा उनकी (अपने पति राम की) अनुगामिनी बनी रहे ।

"वर दो , मैं रहूं तुम्हारी ही नित अनुगामी ॥"114

और उनकी एक ही कामना है कि उनके नाम उनके तन मन एवं जीवन में रमे रहे ।

"हे राम तुम्हीं तन मन जीवन में रमे रहो ॥"138

खंड काव्य की भाषा प्रसादमयी , सरल एवं सरस है । प्रतिपाद्य के अनुरूप शब्दावली के प्रयोग में कवियित्री की सुदक्षता पदे पदे दृष्टिगोचर होती है । शैली प्रवाह पूर्ण तथा सहज है । सजीवता तथा गतिशीलता उसकी अपनी विशेषता है । भाषा शैली की इन विशेषताओं के नमूने के रूप में उपर्युक्त उद्धरण दृष्टव्य हैं । यूं तो संपूर्ण काव्य ही उक्त विशेषताओं का ज्वलंत उदाहरण है पर भाषा की प्रसादमयता , सहजता , सरसता एवं शैली की प्रवाहपूर्णता के लिए एक उदाहरण पर्याप्त होगा -

"मैं वही सिया , मैं वही जानकी सुकुमारी ,

मैं वही जीत कर भी जो थी प्रतिपल हारी ।

मैं वही जनक की सुता वधू नृप दशरथ की

मैं वही रही जो सदा प्राणपति की प्यारी ॥"अथ 8 ॥

यत्र तत्र प्रयुक्त अनेक अलंकारों के समावेश से यह काव्य अतिशय हृदयावर्जक एवं सजीव बन गया है । अनुप्रास अलंकार तो इस काव्य की काया में प्राण तत्व की भाँति समा गया है । वस्तुतः संपूर्ण काव्य ही अनुप्रास का उदाहरण है । अर्थालंकारों में विशेषतः रूपक के सन्निवेश ने इस काव्य को अत्यधिक हृदयाकर्षक तथा मनोरम बना दिया है । रूपक विधान में कवियित्री की मौलिकता अत्यंत मनोहर एवं भव्य है । कुछ उदाहरण देना समीचीन है -

"अनपेक्षित नन्हीं विपद मूषिका ने कुतरी ॥"आठ 14॥

"हूँ गूंथ रही मन के धागों में दृग - मोती ॥"9॥

"अंचल पर आंसू रत्न झलक दिखलाते हैं ॥"48॥

"मेरे मन की बातें थी प्रकृति सखी सुनती ॥"स्मृति 2 ॥

"कामना वही सुख सस्य हेतु अंगार हुई ॥"72॥

"मेरे मानस मधुबन यौवन की फुलवारी ॥"इति 65॥

"यौवन कलिका ने ली तन तरु पर अंगड़ाई ॥"67॥

"प्राणों का पंछी तन पिंजरे में डोलेगा ॥"83॥

"दृग सीपों से नित जन्मेंगे आंसू मोती ॥"85 ॥

"सूना मन कानन आ जाओ मेरे स्नेही ॥"127 ॥

इस प्रकार यह खंडकाव्य आधुनिक हिंदी के राम काव्यों के बीच अपने एक नए विग्रह , परिधान , गति , शैली एवं आत्म तत्व के साथ प्रवृत्त हुआ है । यह भाषा , शैली , भाव , चेतना , प्रेरणा , चुनौती आदि सभी दृष्टियों से हृदयावर्जक , मर्मस्पर्शी एवं भावोत्तेजक है । मेरा यह स्पष्ट मत है कि कवियित्री डॉक्टर रंजना वर्मा का यह सारस्वत प्रयास निस्संदेह आधुनिक हिंदी काव्य का विशेषकर हिंदी राम काव्य का सुनहरा पन्ना बनकर उनकी कीर्ति को चिरस्थाई बनाएगा ।

मार्गशीर्ष पूर्णिमा वि० सं० 2053   डॉ. राजदेव मिश्र

आवास :   पूर्व कुलपति

अवधपुरी कॉलोनी।   सम्पूर्णानन्द संस्कृत विश्वविद्यालय ,

वाराणसी , उ.प्र.

निगाँता रोड , फैज़ानाद , उ.प्र.

अपनी ओर से

अपनी ओर से ....

परमेश्वर का अवतार माने जाने वाले मर्यादा पुरुषोत्तम की संज्ञा से अभिहित, वाल्मीकि रचित 'रामायण' महाकाव्य रूपी ऐतिहासिक अभिलेख के कथा - नायक राम की कथा भारत के समाज तथा संस्कृति में इस प्रकार रची बसी है कि उसके बिना न तो भारतीय समाज की कल्पना की जा सकती है और न ही उसकी महान संस्कृति की महत्ता का अनुमान ही लगाया जा सकता है । राम की कथा हमारी संस्कृति का प्रतीक होने के साथ साथ हिन्दू धर्म की परिचायक भी है । जनमानस में कथा - नायक राम और जगत - जननी जानकी स्त्री तथा पुरुष के आदर्श के रूप में प्रतिस्थापित हैं । ऐसी महत्तम तथा जनचर्चित विभूतियों के संबंध में कुछ लिखने का प्रयास असंभव को संभव करने के प्रयत्न के समान है तथापि इस संदर्भ में लेखनी चला कर मैंने जो दुस्साहसपूर्ण कार्य किया है उसमें अनेक त्रुटियों, भूलों तथा भ्रमों का समावेश हो जाना सहज संभव है । मुझे विश्वास है कि सहृदय पाठक एवं विद्वज्जन उसके लिये मुझे क्षमा कर सकेंगे ।

प्रस्तुत खंडकाव्य में प्रस्तुत खंड काव्य में मैंने वैदेही के वनवास की व्यथा - कथा को प्रस्तुत करने का प्रयास किया है । वैदेही तो वस्तुतः 'वैदेही' ही थी । भ्रम, मोह, माया - सब से परे, आत्म रूपा, शक्तिस्वरूपा । तथापि एक सामान्य नारी के रूप में उनके क्रिया कलाप, उनकी मानसिक स्थिति तथा अंतर में उठने वाली कोमल भावनाएं, उनके हृदय में मचलती संपूर्ण नारी जाति के प्रति होने वाली सामाजिक वर्जनाओं के प्रति विद्रोह की भावना आदि का चित्रण करके मैंने उन्हें एक सहज मानवी का रुप देने का प्रयास किया है । एक ऐसी नारी के रूप में उनके चरित्र को चित्रित करने का प्रयत्न किया है जो भारतीय संस्कृति की आधारभूत इकाई है । जो पुरुष - प्रधान समाज द्वारा किए जाने वाले अन्यायों , अभिशापों तथा आक्षेपों की भूमि होते हुए भी 'चुटकी भर सिंदूर' के महत्व को नहीं भूल पाती । जो युग युग से स्वयं अग्नि परीक्षा देती रहने के बाद भी कभी पुरुष

से उसकी पवित्रता का प्रमाण नहीं माँग पाती । सहृदय जन स्वयं विचार कर देखें । क्या राम की जीवन यात्रा की यशस्विनी गाथा में सीता - परित्याग का प्रकरण कंटक बन कर उन्हें व्यथित नहीं करता ।

प्रस्तुत प्रबंध में तीन सर्ग हैं जो कतिपय विद्वानों द्वारा विवादित माने गए हैं किंतु तीन लोक, त्रिदेव, त्रिकाल, त्रियुगी आदि के महत्व को यदि स्वीकार किया गया है तो प्रस्तुत काव्य के तीन सर्गों का महत्व भी स्वयं सिद्ध होगा इसका मुझे पूर्ण विश्वास है ।

विनीत-

    डॉ. रंजना वर्मा

     कवि कुटीर

    6/11/226 मुग़लपुरा

    हैदरगंज, (फैज़ाबाद)

     अयोध्या (उ. प्र.)

वन्दना

वंदना

शारदे ! आज तेरे पावन चरणों में नमन करूं ।
वह काव्य कला दे वैदेही - गाथा का सृजन करूं ॥

गणपति गणनायक गजमुख की हो कृपा दृष्टि मुझ पर,
उस विघ्नविनाशक लंबोदर की कर - छाया मुझ पर ।
वे विघ्न - शमन नित करें और तुम वाणी का वर दो ,
संकल्प सफल हो शैलसुता, शिव दया करें मुझ पर ।

करुणा कर जिससे सिया व्यथा सागर संतरण करूं ।
शारदे ! आज तेरे   पावन   चरणों में   नमन करूं ॥

सुरसरि भागीरथि, यमुना, सरयू, गोमति की कल कल,
कावेरी, कृष्णा, सरस्वती, साबरमति की   छल छल ।
यह प्रकृति देवि यह धरा गगन यह अतल सिंधु का जल,
भूतल समतल, यह विंध्याचल, हिमगिरि उत्तुंग अटल ।

यह अनल, अनिल, सूरज, चंदा, तारों का वरण करूं ।
शारदे ! आज तेरे पावन चरणों में नमन करूं ॥

निर्गुण निर्मल निरहंकारी जो व्यापित अग जग में ,
मानव - लीला के लिए भटकता फिरा विपिन मग में ।
निरुद्विग्न रहा जो वैभव, विपदा की झंझा में भी ,

शत नमन आज मैं करूं उसी कंजारुण सम पग में।

मैं आज उसी की व्यथा कथा लिखने का जतन करूं।
शारदे ! आज तेरे पावन चरणों में नमन करूं ॥

परब्रह्म - कामिनी स्वयं महामाया तनधारी है,
वह जगजननी जानकी भला इस जग की नारी है ?
उस विष्णुप्रिया को कभी जगतपति त्याग कहाँ पाते ?
तद - विषय लिखूँ कुछ कैसे, मेरी मति संसारी है।

हूँ कुंदबुद्धि मैं कैसे उस महिमा का कथन करूं।
शारदे ! आज तेरे पावन चरणों में नमन करूं ॥

जो राघवेंद्र राजेंद्र नृपतिवर त्रिदश - श्रेष्ठ स्वामी,
घट घट व्यापी जो अविनाशी अनुपम अंतर्यामी।
जिस रघुवर मन - रंजना रही मैथिली सदा से ही,
जिस जनरंजक की जीवन धारा है बहु आयामी।

ले मात्र एक आयाम सिया की चर्चा सघन करूं।
शारदे ! आज तेरे पावन चरणों में नमन करूं ॥

फिर भी जो कुछ लिख सकूँ उसे माँ मुझको लिखने दे,
मेरी कविता में तू अपनी अनुकंपा दिखने दे।
अपनी इस तुच्छ कृपापात्री का हठ पूरा कर दे,
निष्प्रभ - नयनों सी नेष्ट लेखनी , ज्वाला दिपने दे।

अतिशय पवित्र जो प्रणय दिव्यता उसकी मनन करूं।
शारदे ! आज तेरे पावन चरणों में नमन करूं ॥

- डॉ. रंजना वर्मा

प्रथम सर्ग - अथ

❀ अथ ❀

अटवी पत्रों पर लिखी गई जिसकी गाथा,
हर सुमन पत्र ने जिसके अश्रु संभाले हैं।
जिसकी पीड़ा शूलों को रक्तमुखी करती,
जिसके दृग विरह - वेदना - पूरित प्याले हैं ॥ 1

जिसकी करुणा में प्रकृति वधू निशिदिन रोयी,
जिसकी काया ने पिघलाया पाषाणों को।
जिसकी ममता सिसकी धरती से लिपट लिपट,
जिसका धीरज आप्लावित करता प्राणों को ॥ 2

जो व्यथा कथा बन शत-शत श्रवणों से उतरी,
यों रही पड़ी ज्यों पतझड़ में कचनार कली।
जिसकी आँखें सावन भादो की बन बदली,
आँसू - धारा ज्यों गंगा जग के पार चली ॥ 3

जिसकी सिसकी साँसो में रच कर घुट-घुट कर,
नासूर बनाती जाती थी निःश्वांसों का।
जिसका तन केवल यंत्र - सदृश जग में जीता,
आधार बना बस आती जाती सांसों का ॥ 4

जिसने बचपन में खोली खेतों में आँखें,
जिसको मिथिला ने भर गोदी में पाला था।
जिसको पा कर थे योगी जनक बने साधक,
जिसकी मुस्कानों ने हर हृदय संभाला था॥ 5

जो जनक नंदिनी जनक - सुता जानकी बनी,
संतानहीन मिथिलाधिप के गृह की सुषमा।
त्रैलोक्य - सुंदरी त्रिभुवन को ज्योतित करने,
जनमी जग में जो रही स्वयं अपनी उपमा ॥6

जिसके अधरों पर सजी रही मुस्कान सदा,
जिसकी आंखों में भरा रहा गंगा का जल।
जो जली स्वयं इस जग को शीतल करने को,
विष - दग्ध रहा जीवन भर जिसका अंतस्थल ॥7

मैं वही सिया, मैं वही जानकी सुकुमारी,
मैं वही जीत कर भी थी जो प्रति पल हारी।
मैं वही जनक की सुता, वधू नृप दशरथ की,
मैं वही रही जो सदा प्राणपति की प्यारी ॥8

बैठी हूँ इस निर्जन वन शून्य शिला ऊपर,
हूँ गूंथ रही मन के धागों में दृग - मोती।
प्रिय कहते जिन्हें कमल कलिका उन अधर पुटों -
को बार बार नयनों के जल से हूँ धोती ॥9

कितना अंतर है निःश्वांसों उच्छवासों में,
कितना अंतर है आती जाती श्वांसों में।
मेरे मानस की श्रद्धा की आधार - शिला,
कितना अंतर जुड़ते मिटते विश्वासों में ॥ 10

मैं किसे सुनाऊं आज कथा निज पीड़ा की ?
किसको दिखलाऊं मैं इस अंतर के छाले ?
दूँ किसे दोष अब आज नियति के दुष्क्रम का ?
बन गए नाग मेरे ही घन - कुंतल काले ॥11

इस विजन विपिन में नीरवता संगिनी बनी,
हैं हिंस्र श्वपद मेरी राहों के अनुगामी ।
सिंहासन पर बिठला न सकी साकेत - पुरी,
निर्जन कानन का राज्य हुआ मेरा स्वामी ॥12

यह शिला नहीं है, मेरा सुंदर सिंहासन,
ये वृक्ष नहीं, हैं मेरे संबंधी सारे ।
यह पवन सखी मेरी इस विपदा बेला में,
रातों में मेरे रक्षक अंबर के तारे ॥13

मेरी आँखों में नहीं उजाले आशा के ,
इन श्याम बिंदुओं में निशीथ रजनी उतरी ।
मेरे सुख - वैभव की थी जो राजस् चूनर ,
अनपेक्षित नन्हीं विपद - मूषिका ने कुतरी ॥ 14

इस तार-तार चूनर से कैसे लाज ढकूँ ?
कैसे उमड़े आँसू को आज न बहने दूँ ?
कैसे जीवन की यह मेरी अनमोल कथा -
बन कृपण इसे अंतस्थल में ही रहने दूँ ?॥15

मैं प्रश्नचिन्ह बन गई स्वयं हूँ आज सुनो,
हूँ नारी मैं, पत्नी या केवल 'भोग्या' हूँ ?
प्रेरणा जिसे कह कर मानव पूजित करता -
क्या उसी विशद सम्मान सिंधु के योग्या हूँ ? 16

नारी क्यों शापित जीवन है जग में पाती ?
क्यों भाग्य सदा उसका है दीपक सी जलना ?
सुख वैभव मृग - तृष्णा, मानस संतुष्ट नहीं,
नारी जीवन 'जीवन' है या केवल छलना ?17

नित आरोपों प्रत्यारोपों का लक्ष्य यही,
शंका की भूमि जगत में केवल नारी है ।
स्रष्टा नर की , जननी मानव के जीवन की,
पर सदा नियति के क्रूर - करों से हारी है ॥18

मानव जिस उदर - दरी में बनता पलता है,
क्यों स्वयं उसी को कठिन करों से छलता है ?
जिस तन से जीवन पाता , अंग सँवरता है,
उसको ही क्यों यह बन कर क्रूर कुचलता है ?19

नर की काया प्रतिपल जिसका ऋण ढोती है,
क्यों वह निशि दिवस रुधिर के आंसू रोती है ?
मंजूषाओं में बंद 'निधान' बनी नर का,
या   जड़ा   अंगूठी   का यह सुंदर मोती है ॥ 20

मोती यह नहीं, न रत्न, न ही भंडार सुनो,
यह केवल मात्र खिलौना नर के हाथों का ।
जब तक चाहा, जैसे भी जी चाहा, खेला,
जब मन चाहा शृंगार बनाया रातों का ॥ 21

यह जगत - धात्री नहीं , मात्र दासी नर की,
निर्मूल्य सेविका मानव की जीवन भर की ।
गुण देकर अपना जन्माया विधि ने भू पर,

बन गई स्वयं उपहास विधाता के कर की ।।22

क्या सोचा था विधि ने - 'नारी ऐसी होगी ?'
वह परमपिता कल्पना भला कैसी होगी ?
अनुपम रचना या सुघर मूर्ति माधुर्यमयी ?
ऐसी तो नहीं भले चाहे जैसी होगी ।। 23

नारी - जीवन क्यों प्रश्नचिन्ह बन हँसता है ?
शंका का नाग इसे ही क्यों नित डँसता है ?
क्यों अग्नि - परीक्षा देती प्रतिपल जीवन में ?
फिर भी क्यों इतना कोमल मन उर बसता है ?24

यह अग्नि- सुता सी क्यों जीवित जल जाती है ?
क्यों नर की ऐसी मनमानी चल जाती है ?
क्यों एकाधिक पुरुषों में है बांटी जाती ?
हिम-नद के हिम सी कण कण कर गल जाती है ।।25

जो स्नेहामृत पाती है विधना के हाथों,
प्रति बूंद पिला देती है क्यों उसको जग को ?
लेकर आँसू - उपहार सदा भर कर झोली,
पलकों से कांटे चुन निर्द्वंद्व करे मग को ।।26

विधि ! कैसी तू ने सृजी जगत में है नारी,
यह स्नेह, बुद्धि, ममता का कैसा संयोजन ।
परहित जिसका अणु अणु पल पल बिखरा करता,
निज स्वत्व - हेतु क्या उस जीवन का अनुयोजन ?27

औरों के लिए सरस , निर्मल पावन गंगा,
है पाप क्षार कर देती जग के जीवन का ।

जग को निर्मल कर दूषित सदा स्वयं होती,
भोगा करती अभिशाप शप्त अपने तन का ॥28

नारी नरता की जननी, सृष्टिमयी काया,
विधि ने भी इसके भोलेपन को भरमाया ।
ले स्वयं कुठार करो में निज पद काट रही,
ठुकरा कर भी नर पाता नित इसकी छाया ॥ 29

मैं नारी हूँ, नारी होना तो पाप नहीं,
अबला जीवन होता जग का अभिशाप नहीं ।
तुम पुरुष उपेक्षित करो, हेय समझो फिर भी
नारी के धीरज की है कोई माप नहीं ॥30

है नहीं तिरस्कृत, सारी संसृति की जननी,
जाया ही नहीं, सुता भी है, नर की भगिनी ।
देकर प्रकाश औरों को रीती बन जाती,
हर किरण त्याग अपनाती मावस की रजनी ॥31

शव में भी यह बन कर जीवन डोला करती,
पीयूष सदा जीवन - विष में घोला करती ।
है रक्त पिलाती मानव को अपने तन का,
होकर तिरस्कृता भी मधु - स्वर बोला करती ॥32

इस की श्वांसों में झंझावात भरे जग के,
दिल की धड़कन में नर के प्राणों का स्पंदन ।
इसकी आँखों की शांत झील के दर्पण में,
शत ज्वार किया करते हैं नित शत शत वंदन ॥ 33

नारी है केवल एक किरण मर्यादा की,
इसने सांसो में कितने जीवन जी डाले ।

निःश्वांसों में भरकर समाज की मनुहारें,
आँखों से कितने ही मधु प्याले पी डाले ॥34

संसृति के अणु अणु पर थिरकी बन कर बिजली,
है मेघ सघन बन घटा उमड़ती अंबर में।
गंगा यमुना की लहरों से हिलमिल खेली,
उत्थान ज्वार का बन कर उठी समंदर में ॥35

विद्युत - धारा बन बरस उठे अंबर सारा,
नारी ही है वह जिससे प्रलयंकर हारा।
श्वांसों से सृष्टि सृजे नित यह बनकर ब्रह्मा,
हिमगिरि से बही बनी गंगा की जल धारा ॥36

है दीपशिखा यह जीवन भर जलने वाली,
है दीप्ति न इसमें संसृति को छलने वाली।
पल भर में जलकर कीट अमर हो जाता पर,
यह तो है प्रतिपल ज्वाला में पलने वाली ॥37

तिल तिल कर क्षार किया करती है तन अपना,
प्रतिपालन को नर के वारे जीवन अपना।
हर स्वप्न नयन में उगते ही है मिट जाता,
वारा करती प्रिय के चरणों में मन अपना॥ 38

संस्कार अनोखे ये, जो है नित ठुकराता,
उसके चरणों में नारी - मन जीवन पाता।
इंगित पर उसकी कूद चिता में जाती है ,
प्रतिक्षण मिट मिट जाने वाला है तन भाता ॥39

जो चुटकी भर सिंदूर मांग में भर जाता,

पल में उससे जुड़ जाता जन्मों का नाता ।
जो रहे शिराओं में गति बन गतिमान सदा,
उसके ही चरणों में नारी - मन सुख पाता ॥ 40

दे अनल साक्ष्य रक्षा पालन का व्रत लेकर,
दो पग भी साथ न चल पाए साथी बन कर ।
पावकमय बनती स्वयं दीप बन कर जलती,
मन रूप करे उसका बिंबित दरपन बन कर ॥41

है नारी का ही अग्नि - परीक्षा भाग्य सदा,
रहता प्रतीक बन पुरुष सदा पावनता का ।
निर्मल जल सा तन मन निर्मल लेकर नारी,
ढोया करती है भार स्वयं निज हंता का ॥42

बन सीप स्वयं मोती सा प्यार संजोती है,
हित - चिंतन में ही स्वत्व स्वयं का खोती है ।
पावन पग - रज सिंगार बनाती मस्तक का,
पर आँख उसी की ही इस जग में रोती है ॥43

नारी का जीवन भी कैसा अनमोल रतन,
इस की गाथा आँसू से भरी कहानी है ।
पीयूष पिला कर जग को अमर बना देती,
प्यासी, अंजलि में केवल खारा पानी है ॥ 44

वह देश भला कैसे उन्नति कर पाएगा,
नारी - जीवन है बन जाता अभिशाप जहां ?
वह धरा पवित्र भला क्योंकर मानी जाये,
कन्या शिशु बन जाता कलंकमय पाप जहां ॥45

वह शस्य - श्यामला भूमि नहीं , मरुभूमि रहे,
जिसका कण-कण नारी हित निर्मम निःस्नेही ।
वह राज्य भला कैसे पूजित होगा जग में,
जिसने   त्यागी है धैर्य - धुरी सी वैदेही ॥ 46

पर नहीं, सिया की आँखों के आँसू निशि दिन,
आशीष दिया करते हैं अपने 'दोषी' को ।
है सदा मनाती मंगल अंजलि बाँध बाँध,
शत बार नमन उस दुख सुख सम परितोषी को ॥47

है श्याम शिला पर बैठ जानकी सोच रही,
श्यामल नयनों से अश्रु ढलकते जाते हैं ।
अधरों का कंपन कहता अकथ कहानी है,
अंचल पर आँसू रत्न - झलक दिखलाते हैं ॥ 48

पिंजरे का पंछी बेबस पंख पटकता है,
यह प्राण कंठगत होकर वहीं अटकता है ।
मिलनाशा है अति क्षीण किंतु मेरे स्नेही,
विश्वास निराशा के पल दूर झटकता है ॥49

निःश्वासों का अभिशाप कठिन सहता है मन,
उच्छवासों का उत्ताप जला देता है तन ।
आँखों से अविरल अश्रु - धार बहती रहती,
सब ताप बुझा कर संरक्षित करते जीवन ॥ 50

सह कर कलंक यह जियूँ हृदय में चाह नहीं,
टूटी सीमा दुख की अधरों पर आह नहीं ।
बस एक बार फिर तुम्हें नाथ जीभर देखूँ
फिर प्राण रहें या नहीं मुझे परवाह नहीं ॥51

जिन चरणों में अर्पित कर बैठी जीवन को,
उन चरणों से बांधा है इस अपने मन को ।
है आन मान अभिशाप सभी अर्पित उनको,
उस प्रेम स्नेह की निधि , वारूं अपनेपन को ॥ 52

खो कर निज निधि नैराश्य निमग्न नयन मेरे,
हो गया अचानक कितनी दूर सजन मेरा ।
जो रहा समझता क्षम्य सदा भूलें मेरी,
उसके चरणों में शत शत बार नमन मेरा ॥53
.................$.............$.............$...............

द्वितीय सर्ग – स्मृति

स्मृति

यद्यपि नयनों में तिमिर – बिंदु निर्जन वन के,
कुछ स्वप्न सरीखे दिवस उभरते बचपन के ।
शैशव जिसमें हर शिशु बनता राजा रानी,
हैं नहीं घेरते द्वेश – दंभ   जब जीवन के ॥ 1

वह बचपन थी मिथिला की राजकुमारी वह,
थी मधुर मूर्ति जन जन जीवन की प्यारी वह ।
कष्टों की गाथा भी न सुनी थी श्रवणों से,
डोला करती थी सुमन – सदृश सुकुमारी वह ॥ 2

वह भूमि सुता खेतों ने जन्म दिया जिसको,
हल के सीता ने जिसे घड़े से था जाया ।
पा जिस अनाथ को मिथिलापुरी सनाथ हुई,
जिस मृदुल हँसी से राजभवन था हरषाया ॥3

जिसकी किलकारी पर माता बलि बलि जाती,
जिसकी दुधमुही हँसी आनंद – सुधा रस की ।
बहती निशि दिन थी मानों पावन जल – धारा,
सूखे मरुथल पर घोर घटा ज्यों पावस की ॥4

वह शैशव बचपन की कोमल मधुरिम डाली,
सुमनों सा सींच रहे वसुधाधिप बन माली ।
अग जग से ही न्यारी थी जन जन की प्यारी,
मिथिला की राजलली वह वैभव की पाली ।। 5

जिसका मुख देख   जिया करते राजा रानी,
जिसके हित कितने कृपण बने अतिशय दानी ।
थे पुरजन परिजन भूमि प्रकृति जिसके अनुचर,
थी   राजनंदिनी   वह   उन सब की   मनमानी ।।6

सहचरियों सँग थी उपवन में झूला करती,
मुस्कानों में थी मुग्ध रुदन भूला करती ।
थी नहीं जानती तब आँसू की परिभाषा,
सुख के उपवन में सुमन सदृश फूला करती ।।7

अगवानी   करती उषा   रक्त - परिधानों में,
अरुणोदय था खिल खिल उठता मुस्कानों में ।
सूरज तीक्ष्णता छिपा लेता था किरणों की,
जीती थी जीवन के मृदुतम उपधानों   में ।।8

संध्या   आरती   उतारा   करती   थी   मेरी,
रजनी थी निज पावन ममता बरसा जाती ।
शशि की शीतल किरणें थीं सहलाती विधु मुख,
चंद्रिका दूध सी   थी क्षण क्षण हर्षा जाती ।।9

हँसती थी देख प्रसूनों की शुभ मुस्कानें,
अनजाने ही बन जातीं कितनी पहचानें ।
सृज देतीं परियाँ लोचन में जादू - नगरी,
सपने बुनते सुख के कितने ताने बाने ।।10

खिल खिल उठना वह छोटी-छोटी बातों पर
आँखें भर भर लेना मृदुतम आघातों पर।
बन मलय पवन मध्याह्न ताप को हर लेना,
चांदनी सदृश छा जाना काली रातों पर ॥11

सुख के संपुट सी थी मैं तो कोमल कन्या,
पा मुझे भूमि मिथिला की स्वयं हुई धन्या।
सौभाग्य - बिंदु सी मुझे मानती थी नगरी,
पर उसी नियति ने आज किया मुझको वन्या ॥ 12

जाना पतझड़ का या फिर मधुरितु का आना,
भोले कैशोर्य - पथिक का सुख था अनजाना।
कैसा अनुभव रोमांच भीति निज छाया से,
वह स्वानुरक्ति लज्जित होना वह मुस्काना ॥ 13

आगमन किशोरावस्था का वह जीवन में,
आ गई अचानक ही मैं अद्भुत मधुबन में।
रस की धारा बह उठी सहस्रमुखी होकर,
कलियाँ अगणित खिल उठीं कल्पना की मन में ॥14

प्रहरों देखा करती थी निज को दर्पण में,
सुख मिलता कितना भाव सुमन के अर्पण में।
प्रति रोम-रोम रोमांचित पुलकित आकुल सा -
आतुर सा रहता था क्यों स्नेह - समर्पण में ॥ 15

थे इंद्रधनुष से स्वप्न अजाने जग जाते,
सोचा करता मन कितनी अनहोनी बातें।
रहता था प्रतिक्षण उड़ा उड़ा मन का पंछी,
टेरा करता उर चातक बन मधुमय रातें ॥ 16

देहरी खड़ा यौवन आतुर था आने को,
कैशोर्य किन्तु तत्पर कब होता जाने को ।
गत बचपन बाँह पकड़ कर पीछे खींच रहा ,
अंतर था उत्सुक जीवन मधु - रस पाने को ॥17

नयनों में थे अगणित सपने डोला करते,
श्वांसों के सौरभ चातक - स्वर बोला करते ।
था अनायास उच्छवास निकल पड़ता मुख से,
दृग अनजाने रहस्य उर के खोला करते ॥18

किस पंथी की वो बाट निहारा करता था,
हर श्वांस न जाने किसे पुकारा करता था ।
जी करता था कोई अनजाना मन भाये,
मन सदा स्वयं से जीता हारा करता था ॥19

प्राणों में मौन प्रतीक्षा सी छायी रहती,
उर की धड़कन थी जाने क्या-क्या तो कहती ।
मलयानिल के झोंके सी मादक अभिलाषा,
पावन गंगाजल सी निशि दिन जाती बहती ॥20

मेरे मन की बातें थी प्रकृति - सखी सुनती,
मृदु मंद हवा भी अर्थ वचन का थी गुनती ।
प्रिय हँसी सलोनी दूध - चांदनी सी निश्छल,
मुस्कान सुखद स्वप्नों की निज जाली बुनती ॥21

मन की उस सुख संस्थिति में थे तुम घर आए,
ज्यों प्यास पपीहे की हरने जलधर आए ।
वह प्रथम दृष्टि , बस एक दृष्टि का आकर्षण,
आँखों में जाने कितने स्वप्न उभर आए ॥ 22

मेरी आशा ने तुमसे प्यार किया स्वामी,
क्वांरी साधों ने था अभिसार किया स्वामी ।
कम्पित अधरों पर नाम तुम्हारा थिरक उठा,
मन - भावों ने तुमसे श्रृंगार किया स्वामी ॥23

तुम तो थे अतिथि नगर के मेरे बन आये,
दृग में प्रिय अतिथि हृदय के मेरे बन छाये ।
नैनों ने तुम्हें दृष्टि - कर से छू कर देखा,
उर की मनुहार अनोखी कैसे बन पाये ॥24

राजस् उपवन में प्रथम मिलन का मादक क्षण,
दो अनजाने हृदयों नयनों का आकर्षण ।
दृग पल भर में निज निधि पहचान गए कैसे ?
अज्ञात पथिक को कर बैठे उर का अर्पण ॥ 25

वह पुष्प - वाटिका स्वयं बन गई मैं नारी,
पल में फूली तन - उपवन की क्यारी क्यारी ।
अगणित कलियाँ आशा की चटख उठीं उर में ,
खिल उठी हृदय की कोमल लतिका सुकुमारी ॥26

पंखुड़ियों मिस भावों के कोष खिले जाते,
आमंत्रण देते पलक - कपाट   हिले जाते ।
था आस निराशा झूले में मन झूल रहा,
आतुर उर थर थर कंपित अधर सिले जाते ॥ 27

आनंद - विभोर हुई पल भर में मैं तन्मय,
साधक को था मिल गया अचानक ही चिन्मय ।
हर झोंका मलयानिल रज - कण चंदन चंदन,
था अनायास ही कंचन निर्मित तन मृण्मय ॥28

मन के दर्पण में इष्टदेव थे प्रतिबिंबित,
विभु रूप तुम्हारा सुघर नयन से था चुम्बित ।
था दृष्टि - कंकरी ने तन - सरिता को छेड़ा,
प्रति रोम-लहर हो उठी तुम्हारी छवि बिंबित ।।29

थे चले गए तुम तो ले अंतर्मन क्षण में,
पर छोड़ गए स्मृतियां थे अपनी कण-कण में ।
हर ओर तुम्हारा ही आभास समाया था,
सर्वस्व हार बैठी मैं अपना उस पण में ।।30

वह धनुष - यज्ञ थी कठिन प्रतिज्ञा अति भारी,
प्रतिपल नयनों में कौंध रहे तुम छविधारी ।
मृदुतम वह रूप तुम्हारा शशि सा उर - नभ में,
थी जनक - प्रतिज्ञा मानो मावस अँधियारी ।।31

थे राज्य राज्य से आए भूपति - वृंद वहाँ,
बिखरा पड़ता ओजस , उत्साह अमंद वहाँ ।
तुम तो थे मन की कोमलतम अभिलाषा से,
रख पाती काश तुम्हें पलकों में बंद वहाँ ।। 32

मेरी आशंकाएं भव्य धनुष से जा लिपटीं,
थे अहंकार भूपालों के भी आ चिपटे ।
तुम अनासक्त पावनता की मृदु मूर्ति रहे,
थे गर्वीले पग चिकनी राहों पर रिपटे ।।33

तुम ने ही था मेरी चाहों को मान दिया,
पल भर में ही कोदंड शंभु का तान लिया ।
मेरी कल्पना उसी क्षण थी साकार हुई -

तन मन के अणु अणु ने अभिनव सम्मान दिया ।।34

तुम बने अंगुलीयक   थी   क्षुद्र कनी मैं तो,
बाला थी पल में रघुकुल - वधू बनी मैं तो ।
था चंदवंश की कन्याओं को मान मिला,
मत पूछो मेरी ही रस - धार सनी मैं तो ।।35

जीवन का मधुमय सार मिला था पल भर में,
अनुपम सुख का संसार मिला था पल भर में ।
आंखों में थे सतरंगी सपने जाग उठे,
प्रिय स्नेह सुधा उपहार मिला था पल भर में ।।36

वह परशुराम का क्रोध याद जब आता है,
भय कंपित हो मन आतुर भर भर आता है ।
कालांतक सा आगमन भीति उपजाता था,
पर अंतिम परिणति सोच हृदय सुख पाता है ।। 37

वह कोशलपति का पुर में रितुपति सा आना,
वह जनकपुरी - उपवन का पल में खिल जाना ।
सुख   का   संभार   सहेजें   मुस्काती   गलियाँ,
प्यासी धरती को सुख - जलधर का मिल जाना ।।38

उत्सव विवाह का जीवन का अद्भुत अनुभव,
गत धुला पुंछा था वर्तमान कितना अभिनव ।
आगत था सतरंगी   विहान का चित्र लिये ,
सुख का जय था वह और दुखों का था परिभव ।।39

श्वसुरालय का वह सुख वैभव वे मुस्कानें,
जाना बचपन का यौवन की मृदु पहचानें ।
ले पंख कल्पना के वह तितली सा उड़ना,

वे भाव सलोने मैं जानूँ या   मन जाने ॥40

वह स्वर्ग सदृश साकेत अमर वैभव वाला,
वह सत्य स्वप्न सा जिसे देख मन भरमाया ।
थी हँसी पहाड़ी झरनों सी झर झर झरती,
संतोष अमर पाकर था जीवन मुस्काया ॥ 41

सुख सुविधाओं अनुपम वैभव की बनी धुरी,
सुषमा छवि की आकर अद्भुत साकेत पुरी ।
था राजभवन माताओं के स्वर से गुंजित,
सब पीते थे नृप की ममता भर भर अँजुरी ॥ 42

पीयूष त्रिवेणी सी   थीं   तीनों माताएँ,
चाहती सदा सखियाँ थीं उर - पुर में आयें ।
था नित नवीन वह प्रेम प्राण प्रिय सहचर का,
जन जन के उर   आनंद भरे नाचें   गायें ॥43

सुख आता है पर कब जीवन सहचर बनकर,
वह तो आता है करने दो दिन पहुनाई ।
दुख चुपके से आकर साथी बन जाता है,
मेरी विपदा मुग्ध का परिधान पहन आयी ॥ 44

क्या भूल कभी पाये हम माँ की ममता को ,
मंझली माता का तो था हम पर प्यार बहुत ।
जाने कैसा अनजाना बंधन प्राणों का ,
जननी से भी था उनका तो अधिकार बहुत ॥45

राजा ने सचिवों सभासदों ने मिल जुल कर,
था राज्य तिलक का किया अचानक आयोजन ।
मैं जान न पायी अब तक वह कुल - रीति सजन ,

था बंधु बिना जो यह अभिनव - सुख का योजन ।।46

भाई जो जन्मे साथ   पले बन सहभागी,
थे कितने सुजन सुशील भ्रातृ सुख अनुरागी ।
उनको रख दूर दृष्टि - पथ से क्यों भूपति ने,
विधि से अग्रज के लिए राज्यसंपद मांगी ।। 47

वह रात भरत की स्मृति में नैनों में बीती,
बीती विभावरी भोर   मिली   सूनी   रीती ।
वह सुधा बांटने वाली थी कितनी अदया,
जलती आँखों ने थी क्या सुत सुविधा जीती ।।48

केवल आक्रोश हृदय का था फुफकार रहा,
मंझली माँ का तो सूना ही संसार रहा ।
था राज्य अवध का छिना विपिन का राज मिला,
मेरे हित फिर भी उन   नयनों   में प्यार रहा ।।49

क्यों मिला तुम्हें वनवास नहीं पूछा मैंने,
जो मिला उसे आदेश समझ स्वीकार किया ।
थी राजतिलक में भीति तुम्हें खो देने की,
वन भेज हमें माता ने था उपकार किया ।।50

मिलता यदि राज्य अवध का तुम जन के होते ,
दर्शन पाने को व्याकुल नयन - युगल होते ।
अवकाश भला कब पाते मुझ तक आने का ,
रातें, दिन, पल, क्षण मूक प्रतीक्षामय होते ।। 51

कानन की उन गलियों में तुम केवल मेरे,
दृग - भ्रमर युगल थे प्रिय मुख पंकज के चेरे ।
था सांसों का शीतल समीर परितृप्त सदा,

थे प्राण निरंतर लगा रहे प्रिय के फेरे ॥52

नंगे पैरों जाना वह वीथी में वन की ,
खोती मिलती राहें वे कानन जीवन की ।
चुभते थे पग-पग शूल सुकोमल चरणों में ,
कर चुनते थे हँसती थीं आशाएँ मन की।53

हो कड़ी धूप या सघन वनों की मृदु छाया,
नयनों में थी झलका करती ममता माया ।
निर्मल झरनों का वह गुंजित संगीत मधुर,
वह कठिन तापसी जीवन भी हमको भाया ॥ 54

वह जीवन जीवन - धन के कारण भाता था,
मधुरितु सा प्रतिपल खिलना मन को आता था ।
वह काश - कुसुम , कंटक थे कितना सुख देते,
तन दुख पाता था मन फिर भी हर्षाता था ॥ 55

ऋषि मुनियों का आशीष मिला हमको कितना,
कष्टों में भी परितोष मिला हमको   कितना ।
कुटिया में भी थी स्वर्ग - सदृश सुख की समता,
थी विपद - निशा संतोष मिला हमको कितना ॥56

कोमल अरुणिम किरणों से रवि कुछ कह जाता,
हौले से छू कर था मलयानिल बह जाता ।
पल में छूमंतर होते पलकों के सपने,
आंखों में कुछ मादक मधुरस था रह जाता ॥ 57

खग मृग कुल से हम तुम दिन भर बातें करते,
प्रतिपल सुख के झरने से थे नभ से झरते ।
ऋषि-मुनियों से मिल पावन पग - रज थे लेते,

जिनकी आशीशों से थे पूर्व - पुरुष तरते ॥ 58

थे साँझ ढले तरु तल या कुटिया में जाते,
करते रहते थे पहरों कितनी ही बातें ।
युग - नयन उनींदे अधसोये से ही रहते,
कट जाती थी पलकों पर कितनी ही रातें ॥ 59

बेला के फूलों से खिलते तारे नभ में,
विहँसा करती रश्मिया चंद्र की तितली सी ।
अंबर झिलमिल चूनर बन जाता राका की,
चाँदनी उढ़ा देती थी चादर पतली सी ॥60

सपनों की नगरी थी अनदेखी मनभाती,
हर बार अनोखा रूप धरे दृग में आती ।
पल में कट जाती थीं कितनी लंबी रातें,
पलकों के पीछे अद्भुत पुरी निखर जाती ॥61

पूनम हो या मावस की हो तममय रजनी,
था साथ तुम्हारा पथ में दीप जला देता ।
वन का एकाकीपन जब-जब आहत करता,
दर्शन प्रिय का तन में मन प्राण मिला देता ॥ 62

तुम एक तृप्ति क्षण से इस प्यासे जीवन के,
थे प्रथम पुष्प सुकुमार हृदय के उपवन के ।
जागी सोयी आँखों ने सब सपने वारे,
तुम एकमात्र भंडार रहे इस निर्धन के ॥63

विद्युत सी कौंधा करती हैं गत की बातें,
बन टीस सताती हैं उर को विधि की घातें ।
बन व्यथा संकुलित चक्रवात छेड़ा करती,

नयनों में घिर घिर आती हैं बीती रातें ।। 64

कब चाहा था मैंने सुख का संसार सखे,
यदि चाहा भी तो केवल प्रिय का प्यार सखे ।
सुख आंख मिचौली रहा खेलता जीवन भर,
मिल गया अचानक अनचाहा दुख भार सखे ।। 65

दरबार तुम्हारा लगता था वन के प्रांगण,
करते उन्मुक्त मयूर अनोखा प्रिय नर्तन ।
पंचम स्वर में नित कोकिल विरद सुनाते थे,
पाते अबोध मृग हिंस्र जंतुओं से रक्षण ।। 66

पशु मुग्ध मात्र ही क्या रक्षा के अधिकारी ,
तुमसे तो थी संरक्षित वन - संसृति सारी ।
थे कोल भील खग मृग या तापस सन्यासी ,
उत्तरदायित्व सभी का था तुम पर भारी ।। 67

निर्बाध किया तुमने वन का निश्छल जीवन,
निर्वाह कठिन जिनका थे निष्कंटक उस क्षण ।
जो धर्म कर्म बाधक निशिचर पंथी यम के,
दानव विनाश का किया हुआ था तुमने प्रण ।।68

थर थर करती थीं जाड़े की ऋतुएँ बीतीं,
या ग्रीष्म ताप ने था भीषण उत्ताप दिया ।
वर्षा में चाहे मिली कंदरा पर्वत की,
हमने अभाव की मर्यादा को माप लिया ।।69

मन मेरा ही रह गया किंतु शायद छोटा,
था त्याग न पाया आकुल तृष्णा का डेरा ।
कंचन काया मृग पर जैसे ही दृष्टि पड़ी,

बन हृदयहीन था हनन हेतु तुमको प्रेरा ।। 70

वह कनक हरिण था असंतोष मेरे मन का,
उद्धत लालसा हृदय की थी साकार हुई ।
सहचरी राम की भी लोलुपता तज न सकी,
कामना वही सुख - सत्य हेतु अंगार हुई ।। 71

कामाहत हो थी शूर्पणखा तुम तक आई,
पर तुमने था उस नारी से उपहास किया ।
क्षण में विरूप कर दिया उसे लघु भ्राता ने,
क्या इसी हेतु था हम सब ने वनवास लिया ।।72

तुम नहीं जानते नारी के आहत उर को,
थे नहीं जानते असम्मान का उस प्रतिफल ।
कामातुर दानव - कन्या को था ठुकराया,
आहत विदीर्ण सा हुआ उसी क्षण मर्मस्थल ।।73

नारी ममतामय सुधा प्रीति मधु रस प्याला,
संपूर्ण समर्पित जीवन यौवन मतवाला ।
पा प्रेम - पूर्ण अपनापन जीवन दे देती,
सुख की शीतल छाया बनती वनिता बाला ।। 74

अस्मिता जहां आहत होती है नारी की,
अपमानित हो जल उठती यम की ज्वाला सी ।
घायल नागिन - सी बलखाती विष कन्या सी ,
बन मृत्यु उमड़ती तीक्ष्ण गरल युत हाला सी ।।75

अपमान हुआ था काम - विदग्धा नारी का,
वर सी आई थी जो पल में अभिशाप बनी ।
वनवास - अवधि थी पूरी ही होने वाली,

कट सके न जो वह ऐसा भीषण पाप बनी ॥ 76

संपूर्ण दानवों के प्रति घोर घृणा मन की,
दानव नारी के सम्मुख थी विस्फुटित हुई।
रूपाभिमानिनी की कुरूपता बीज बनी,
थी विपद लता उससे ही तो अंकुरित हुई ॥ 77

वह कंचन - मृग उस लतिका का पहला पत्ता,
लालसा पल्लवित करती गयी जिसे मेरी।
पति की इच्छा पर त्याग दिया था सुख वैभव,
बन गयी वही मैं क्यों अभिलाषा की चेरी ॥ 78

लालसा बनी वह भीषण भावी की ज्वाला,
अनजाने ही वर बैठी मैं विष का प्याला।
कंचन - मृग बन मारीच नीच वन में आया,
बन गया पृष्ठ वह ही भविष्य का था काला ॥79

मैंने वियुक्त तुमसे प्रिय लक्ष्मण से होकर,
जाना प्रपंच दानव का सुख सपना खोकर ।
अपहरण किया जब लंकापति ने सीता का,
चंद्रिका कालिमामय थी राहु - ग्रसित होकर ॥80

था दुसह नहीं उतना अशोक - वन में रहना,
जितना असह्य था विरहानल प्रिय का सहना।
था रहा काटता प्रतिपल उर को आरे सा,
सुत सदृश सुमित्रा - सुत को क्रूर वचन कहना ॥ 81

थी बात नहीं रामानुज की मैंने मानी,
बन गई बंदिनी अवधपुरी की यह रानी।
वैश्रवण दानवाधीश कामना में मेरी,

स्वीकृति हित था करता रहता निज मनमानी ।।82

लालसा प्रलोभन हैं कब सुख देते नर को,
भीषण प्रतिफल बन नष्ट करें नित नश्वर को ।
बस इसीलिए योगी ज्ञानी ऋषि सन्यासी,
जग की माया तज पूजा करते अक्षर को ॥ 83

की रावण ने लालसा अमर बन नारी की,
अभिलाषा थी उसको सीता सुकुमारी की ।
जल गई स्वर्ण लंका नगरी कुल नष्ट हुआ,
थी वह्नि बन गई आह राम की प्यारी की ॥ 84

अपहरण हुआ था जब मिथिलेश कुमारी का ,
अस्मिता उसी क्षण नारी की संदिग्ध हुई।
विश्वास न कर पाये यदि तुम   वैदेही का ,
संदेह - शरों से   थी यदि सीता दग्ध हुई ।।85

परित्याग नहीं क्यों किया तभी वैदेही का,
क्यों पवन पुत्र से खोज करायी थी उसकी ?
रावण के उपवन की कारा में अवनि - सुता,
आशाएं क्यों तुमने सरसाईं थी उसकी ? 86

वनवासी कपि वानर की   सेनाएं लेकर,
उस दुर्दम दानव से क्यों भीषण युद्ध किया ?
वनवास अवधि यो भी व्यतीत हो ही जाती,
क्यों अनायास ही लंकाधिप को क्रुद्ध किया ॥ 87

परित्याग अभीष्ट रहा यदि तुम को नारी का,
था रक्तपात क्यों भीषण लंका के रण में ?
कानन की लतिकाओं पत्रों से लिपट लिपट,

क्यों ढूंढा करते थे नारी को क्षण क्षण में ? 88

माना कुल की मर्यादा के कारण रण में,
जीता अजेय रावण को सीता को पाया ।
संदेह मिटाने को ही तो अपने मन का,
ले अग्नि परीक्षा था पत्नी को अपनाया ॥ 89

छाया बनकर जो साथ निभाती रही सदा,
सपनों में भी बन सत्य समाती रही सदा ।
वनवास तुम्हारा बाँटा मन के नाते ही,
पलकों पर प्रिय के अश्रु सजाती रही सदा ॥ 90

गृह - सुख वैभव को गुरु जन के उपदेशों को,
आग्रह को विनती को सुखमय आदेशों को ।
ठुकरा कर वन जा साथ निभाया स्वामी का,
सुलझा न सकी वह शंका के व्यपदेशों को ॥ 91

संदेहास्पद बन गई वही प्रिय के दृग में,
जो कभी न विचलित हुई प्रीति दुर्गम मग में ।
घायल हैं उसके प्राण श्वास अरु अंतस्थल,
तड़पाती है उर - चुभन भरी हो ज्यों पग में ॥ 92

उँगलियाँ राम की ही तो उठती रहीं सदा,
कब कहा सिया ने 'अग्नि-परीक्षा दो स्वामी' ?
नारी ने कब मांगा प्रमाण पावनता का,
यद्यपि नर रहा सदा माया का अनुगामी ॥ 93

पावक परीक्षिता त्याज्य राज्य में हो तेरे,
झूठे पड़ गए अग्नि के किए हुए फेरे ।
तुम रहे राज्य के धरती के पालक रक्षक,

मेरी ही रक्षा कर न सके स्वामी मेरे ॥ 94

हे राम तुम्हारा राज्य प्रशंसित है जग में,
समता दी है तुमने जन को जीवन मग में ।
नित सिंह शशक पीते हैं एक घाट पानी,
छाले सा कसकेगा सीता - प्रकरण पग में ॥ 95

बन पवन बांटते सुख सुगंध हो जन-जन को,
तुम ने सब को अधिकार दिया है जीने का ।
पत्नी बन कर अभिशाप संजोया है मैंने,
है भाग्य मिला सीता को ही विष पीने का ॥ 96

आदर्श तुम्हारे झूठे थे या मन झूठा,
हो गया किंतु मेरा सारा जीवन झूठा ।
आजीवन रहो निभाते तुम जग - मर्यादा,
जन के कहते ही मान लिया तन मन झूठा ॥ 97

कब पीर पुरुष के उर में नारी की झलकी,
वह रही सदा प्रतिमूर्ति वंचना की छल की ।
था तुच्छ नहीं समझा जनता का कोई जन,
तुम कोशल के जनता भी तो थी कोशल की ॥ 98

मैं रही परायी जायी ही क्या जीवन भर,
मन देख न पाये तुमने भी देखा तन भर ।
सांसो में उर की धड़कन में तुम ही तुम थे,
मेरे हित मरुथल बने कहो क्यों हे निर्झर ? 99

हर प्राणी के जीवन सुख के विश्वास मधुर,
मेरे सपने मेरे मन की अभिलाष मधुर ।
जग का विश्वास रहा मेरा ही मन टूटा,

मुझसे ही रूठ गए अधरों के हास मधुर ॥100

देखा नयनों ने और हृदय में चाह उठी,
मन में अभिलाषा प्यार तुम्हारा पाने की ।
था नियति चक्र जो अनायास मेरे स्वामी,
की कृपा स्वयं तुमने मुझको अपनाने की ॥101

वट - वृक्ष सदृश संबल पाकर तेरा स्वामी ,
जीवन की मेरे यह लतिका पुष्पित फूली ।
मेरे मानस के भाव - प्रणेता , हे अक्षर !
तुमको पाकर मैंने तो निज सुध बुध भूली ॥ 102

जिस प्रिय को प्यार निभाना कभी नहीं आया,
फिर भी वह रहा सदा मन , प्राणों को भाया ।
उर में धड़कन सांसो में सुरभित चंदन सा,
मन - भाव नयन में सपनों में प्रतिपल छाया ॥ 103

कटती विभावरी नहीं गगन के तारे गिन,
नयनों में है झिलमिला रहे वे बीते दिन ।
पंछी से मंडराया करते उर - आंगन में,
मन की मुडेर उतरे कपोत बन गत पल छिन ॥104

प्रश्नों की बदली मानस में घिर घिर आती,
सूने दृग में आँसू की बूंदें तिर आतीं ।
तड़पा करती हूँ निशदिन जल बिन मछली सी,
कैसे भूलूँ यादें तो हैं फिर फिर आतीं ॥105

अपराधी को नित दंडित करने से पहले,
अवसर तो देते हो उसको कुछ कहने का ।
वह अवसर भी मुझको न दिया क्योंकर स्वामी ?

दे दिया अचानक दंड विरह - दुख सहने का ॥106

पत्नी न समझते मुझे मात्र केवल नारी,
हूँ प्रजा कोशलाधीश ! तुम्हारी दुखियारी ।
उस धोबी से भी हेय रही क्या बोलो मैं ?
क्यों मुझ पर ही अन्याय किया तुमने भारी ? 107

रंजन नित करते रहे अवध की जनता का,
करते विनाश तुम रहे सदा निर्धनता का ।
जन-जन को रहे सिखाते निज कर्तव्य सदा,
पर मर्म न जाना क्यों अधिकार गहनता का ॥108

दुख व्यथा रहे हरते कोशल के जन-जन की,
तुम रहे नृपति लेकिन क्या पति भी बन पाये ?
सबको सुख मिला तुम्हारे मृदु कर कमलों से,
वैदेही ने पर आँसू भरे नयन पाये ॥ 109

तुमको अभीष्ट कब रही किसी की दृग धारा ,
पर - दुख हरने में ही अर्पित जीवन सारा ।
साँसो को धड़कन को तन-मन अधिकारों को,
तुमने जन हित निज जीवन सुख मधुबन हारा ॥110

स्वर मेरे तुम को बार बार टेरा करते,
मेरे सपने नित उस पुर का फेरा करते ।
जिस नगरी में डेरा है मेरे प्राणों का,
उच्छवास सघन घन बन उसको घेरा करते ॥ 111

तुम जो समझो तुम पर है जीवन वार दिया,
है कष्ट तुम्हारा ही दृग - जल से क्षार किया ।

बीते पल सा तुम मुझे भुला दो चाहे प्रिय !
मैं कैसे भूलूं मैंने तो है प्यार किया ? 112

राजा बन कर परित्याग किया था यदि मेरा,
तुमको अभीष्ट था पति बन कर वन में आते ।
दुर्गम कानन के कुश कंटक - बाधाओं से,
रक्षित करते संतति के पालक बन जाते ॥ 113

दायित्व तुम्हारा भटक रहा है कानन में,
है इष्ट तुम्हें प्रिय कोशल राज भवन अपना ।
है प्यार तुम्हारा संदेहों की भूमि बना,
क्यों फेर लिया अपने ही जन से मन अपना ? 114

पत्नी की रक्षा क्या राजा का धर्म नहीं ?
संतति - पालन होता नर का शुभ कर्म नहीं ?
जो कर न सका पालन अपने दायित्वों का,
सच ही उसने जाना जीवन का मर्म नहीं ॥115

भयभीत हुए तुम एक रजक की वाणी से,
भावी परिवाद तुम्हें इतना उर में साला ।
तुम न्याय न कर पाए अपनी ही पत्नी का,
दे बैठे निज जाया को ही विष का प्याला ॥ 116

था दोषहीन जिस को मन में जाना तुमने,
उसको ही क्यों जग हित दोषी माना तुमने ?
आदर्श उपस्थित किया एक निर्मम पति का,
जो अंश तुम्हारा उसे न पहचाना तुमने ॥ 117

दुख नहीं वियुक्त किया तुमने मुझको निज से,
दुख यह कलंकिनी कर तुमने मुझको जाना ।

निष्ठुर समाज के व्यंग्य - बाण से बिंधी हुई -
पत्नी की रक्षा की न उसे दोषी माना ॥ 118

यदि साथ नहीं था इष्ट तुम्हें मेरा स्वामी,
कह देते मैं जीवन से दूर चली जाती।
मैं तो छाया थी मात्र तुम्हारे ही तन की,
पल भर में साँसों के उत्ताप जली जाती ॥ 119

सुलगा करती तिल तिल कर गीली लकड़ी सी,
घुट-घुट जाती हो कर वियुक्त इन प्राणों से।
है बहुत कठिन लेकिन यों तड़प तड़प जीना,
बिंध कर शंकामय मूक अनकहे बाणों से ॥ 120

बस एक बार कह दो तुम हो मेरे स्वामी,
कह दो प्रिय तुमको है मुझ पर संदेह नहीं।
जीवनसाथी, बस एक बार कह कर देखो,
पाओगे फिर इस जगती पर यह देह नहीं ॥ 121

है देह मात्र निस्पंद पड़ी इस कानन में,
प्राणों का पंछी साथ तुम्हारे डोल रहा।
तुम सुन न सको चाहे पुकार आतुर मन की,
यह आर्त स्वरों में बार बार पर बोल रहा ॥122

मेरी पुकार अनसुनी रहे चाहे जग में,
निष्ठुर बन कर ठुकरा दो चाहे मुझको तुम।
है जनक - नंदिनी सदा तुम्हारी ही छाया,
मेरे मानस में बसे रहोगे तुम ही तुम ॥123

:: इति ::

तृतीय सर्ग – इति

इति

डोला करते नयनों में प्रतिपल बीते दिन,
है जीवन का आधार बन गए गत पल छिन ।
परदेसी   पंछी से   आए और   चले गए,
देखा करती निशि राह सदा तारे गिन गिन ॥ 1

वे   सुखद सलोने दिन क्यों लौट नहीं सकते ?
शिशु बन धरती पर क्यों हम लोट नहीं सकते ?
वह निष्छल हँसी , किशोर हृदय की मादकता –
वे स्वप्न सुहाने क्यों फिर लौट नहीं सकते ? 2

उनको फिर पाने को व्याकुल मेरी आहें,
उनको लौटाने को आतुर मेरी राहें ।
आँखों से उड़कर नींद उन्हीं को ढूँढ़ रही,
हैं भटक रही जन कर बियोग मेरी चाहें ॥ 3

मेरे विश्वास ! कोशलाधिप ! भू के राजा !
यह अवध तुम्हारा रहे प्रतिष्ठित इस जग में ।
मेरी स्मृतियों में तो केवल तुम ही तुम हो,
यह जीवन सदा समर्पित प्रियतम के मग में ॥ 4

हे राम ! तुम्हारे रहते बनूँ निराश्रित मैं ,

यह मेरा नहीं तुम्हारा है अपमान बहुत ।
अग जग के स्वामी की पत्नी हो परित्यक्ता,
तीनों लोकों में नाम बहुत, सम्मान बहुत ॥ 5

घन से दृग के नभ में घिरते मेरे आँसू,
बन कर वर्षा झर झर झरते मेरे आँसू ।
उत्ताप जलाता मानस का क्षण में जीवन,
अंतर - ज्वाला शीतल करते मेरे आँसू ॥6

है शीतल मलय पवन को छू तन जल जाता,
ऋतुराज नयन के मृदु सपनों को छल जाता ।
मधुर स्मृतियों में डूबी तुम्हें पुकार रही,
मन पर मीठी यादों का जादू चल जाता ॥7

टूटे मन - आँगन में टूटे लोटा थाली,
पल-पल रिसती रहती दो नयनों की प्याली ।
कंपित हो जाता पात्र सुधामय अधरों का,
यादों को हैं पंखा झलती अलकें काली ॥8

जो तुम्हें नहीं प्रिय रूप स्वरूप नहीं है वह,
अभिसार न दे जो प्रिय ! श्रृंगार नहीं है वह ।
इस कुसुम कुंज की कलिकाओं का क्या होगा ?
जो प्रिय - पग में चढ़ सके न हार नहीं है वह ॥9

तुम सदा परायी रहे समझते माया को,
पर त्याग दिया क्यों आज स्वयं निज छाया को ।
प्राणों को खींच लिया तुमने ही जब तन से,
कैसे मैं रखूँ चिरायु कहो इस काया को ॥10

बरसाता है नभ तपते तन पर अंगारा,

क्या सूख सकेगी कभी नयन की जल धारा ?

सिकता मरु की तप कर तन को झुलसायेगी,

क्या प्यास बुझाएगा मन की सागर खारा ? 11

बिन जल मछली सी तड़प जिऊंगी कितने दिन,

आधार   बिना प्रति - छाया क्या रह पायेगी ?

प्राणानिल के झोंकों पर जब प्रतिबंध लगा ,

तब   मंदाकिनी   कहो   कैसे   बह   पायेगी ॥12

तन - पिंजर में तड़पेगा प्राणों का पंछी,

प्रियदर्शन को तरसेगा प्राणों का पंछी ।

अंतर से आह उठेगी तन को झुलसाती,

दृग - मोती बन बरसेगा प्राणों का पंछी ॥13

वन से भी भीषण पवन हृदय में बहता है,

प्रति क्षण यह प्रणय पपीहा मुझसे कहता है ।

संसृति की ऋतुएँ तो नित परिवर्तित होतीं,

तन विरह - ग्रीष्म उत्ताप निरंतर सहता है ॥ 14

नयनों   के दोनों   द्वार   सजाए   बैठी हूँ ,

आंसू   के   बंदनवार   लगाए   बैठी हूँ ।

सिसकी की शहनाई पर आवाहन के स्वर ,

तन मन में प्रिय का प्यार बसाए बैठी हूँ ॥ 15

इन प्यासे नयनो की आशा बन कर आओ,

इस मन की सुंदर अभिलाषा बन कर आओ ।

बन मेघ - खंड बरसो इस सूने मरुथल पर,

प्रिय अमर प्रेम मधुरिम भाषा बन कर आओ ॥16

आओ उजड़ा सिंगार बुलाता है तुमको,

प्यासी बाहों का हार बुलाता है तुमको ।
सपनों का वह संसार बुलाता है तुमको,
भूला बिसरा अभिसार बुलाता है तुमको ।। 17

प्रिय तुमको गत आभास बुलाया करते हैं,
ये नीलम नयन उदास बुलाया करते हैं ।
कैसे   भूलूँ श्रद्धा के   उन आयामों को ?
प्रतिक्षण पागल उच्छवास बुलाया करते हैं ।। 18

मेरे आँसू की धार बुलाती है तुमको,
प्रिय वह रूठी मनुहार बुलाती है तुमको ।
प्यासी आँखें हैं प्रतिक्षण बाट निहार रहीं,
मेरी श्रद्धा शत बार बुलाती है तुमको ।।19

आओ   मेरा   विश्वास   बुलाता   है   तुमको,
उर का मादक मधुमास बुलाता है तुमको ।
मन का चातक धड़कन बन निशि दिन टेर रहा,
आ भी जाओ हर श्वास बुलाता है तुमको ।।20

साक्षी कर पावक की थामा था हाथ कभी,
था वचन निभाने का जीवन भर साथ कभी ।
संदेह तुम्हारे मन   का मात्र मिटाने को,
ली ज्वालाओं की जलन झुका कर माथ कभी ।।21

फिर भी मुझ पर विश्वास नहीं तुम कर पाये,
मुझ पर आश्रय का हाथ नहीं तुम धर पाये ।
मैं सदा तुम्हारी बनी रही प्रतिछाया सी,
चिर विरह मिला क्यों आज नयन भर भर आये ।। 22

था ऐसा क्या अपराध हुआ इस दासी से ?

क्यों रूठ गए जलधर अपनी ही प्यासी से ?
सांसों के प्याले में पीती जो प्रेम - सुधा,
क्यों अविश्वास का गरल पिये विश्वासी से ? 23

बोलो तो तुमने कितने मीत भुलाये हैं ?
यादों के पंछी कब कब कहाँ सुलाये हैं ?
जब जब छेड़ा प्रिय उर - वीणा के तारों को ,
हम दीप उन्हीं स्मृतियों का सतत जलाये हैं ।। 24

पा विरह निशा आशा की कलियाँ कुम्हला
यीं अधरों की ये पंकज - पंखुरियाँ मुझायीं ।
पीड़ा - झंझाएँ उठतीं पल पल सिहराती,
राका बन गहन निराशाएँ मन पर छायीं ।। 25

आओ प्रिय ! मेरी आस बुलाती है तुमको,
आती जाती हर साँस बुलाती है तुमको ।
मिलनातुर मन को दहकाती विरहाग्नि सदा,
यह अमिट अनबुझी प्यास बुलाती है तुमको ।।26

मेरे सपने नित तुम्हें पुकारा करते हैं ,
सूनी सूनी हर राह निहारा करते हैं ।
भटका करते निशि वासर वन की गलियों में ,
सतरंगी अभिलाषाएं वारा करते हैं ।। 27

आ भी जाओ दुखियारी का दुख स्वर सुन कर,
आ भी जाओ मेरी पुकार प्रतिध्वनि बन कर ।
आकुल व्याकुल प्राणों का धीरज बन जाओ,
आ जाओ मेरी तृप्ति हेतु आतुर बन कर ।। 28

तुम कहते थे - हम डूबे मन के सागर में,

मन तो निशि वासर तुम्हें पुकारा करता है ।
अनसुनी पुकार भले ही हो मेरी साथी !
यह तो अपने से जीता हारा करता है ॥29

जो हम कहते हैं समय परिस्थिति में फँस कर,
या करते हैं मर्यादा - बंधन में बंध कर ।
प्रतिबंधों में हो कर आबद्ध जिया करते,
कहते सुनते आदर्शों से भावित हो कर ॥ 30

वह ही महत्वमय है तो क्या मन झूठा है ?
धरती पर क्या मन के भावों का स्वत्व नहीं ?
क्या अर्थहीन होती हैं मानस की बातें ?
मन प्रतिक्षण कहता उसका कहीं महत्व नहीं ? 31

हो चतुर बहुत तुम मन की भाषा पढ़ने में,
बस एक बात पूछूँ यदि तुम सच बतला दो ।
मन के भावों का है महत्व क्या जीवन में ?
हम सच हैं कह जग की सच्चाई झुठला दो ॥ 32

आओ कुछ बात करूं तुमसे अंतर्मन की,
देखा मैंने कल रात सुघर सुंदर सपना ।
कैसे बतलाऊं लाज भरी इन आँखों में,
रजनी भर प्रियतम साथ रहा मेरे अपना ॥ 35

देखा तुमको इतना समीप जीवन - साथी,
जैसे रहती है साथ दिए में दो बाती ।
उस पल की बातों को कहना तो सरल नहीं,
थी मलय पवन जाने क्या क्या कह बह जाती ॥ 34

मृदु मंद वायु आँधी बन कर झकझोर गयी,

झंझाएँ आयीं हवा बह चली पावस की।
झिलमिल करता दीपक देता विश्वास रहा,
तुम साथ रहो कट जायेगी निशि मावस की ॥ 35

मैं भूल गई मन के सारे आघात सखे,
कर डाली चुपके चुपके कितनी बात सखे।
मत पूछो प्रिय उन अभिलाषाओं की बातें,
कर डाला जाने क्या क्या सारी रात सखे ॥ 36

करने यथार्थ इन सपनों को आ भी जाओ,
कुछ देर भुला कर अपनों को आ भी जाओ।
आ जाओ सहगामी बन कर इन साँसों के,
तज मनचीते भवनों को अब आ भी जाओ ॥ 37

दीपक शायद बिन बाती भी जल जायेगा ,
पर बाती को कब दीपाश्रय मिल पायेगा ?
वह स्नेह - बिंदु के लिए तड़प रह जायेगी ,
आंसू - धारा बन प्यार उसे छल जायेगा ॥ 38

मन के गवाक्ष से स्मृतियां हैं झांका करती,
नित मूल्य नयन मुक्ताओं का आँका करती।
अंतर का वियत विशाल सदा सूना सूना,
अभिनव आशाओं के तारे टांका करती ॥ 39

भीगी पलकों पर यादें चुंबन जड़ देतीं ,
दृग के गवाक्ष सपनों की जाली मढ़ देती।
तन मन अनगढ़ गीली मिट्टी के लोंदे सा ,
यह मधुर कल्पनाओं से मूरत गढ़ देती ॥ 40

आँसू - धाराएँ ताप हृदय का हैं हरतीं,

मेरी आंखें प्रतिपल हैं पथ हेरा करतीं ।
बीती यादें मन को बहला फुसला जातीं,
आकांक्षाएं प्रतिक्षण तुमको टेरा करतीं ॥ 41

सोते जगते सदैव मन पर दस्तक देती,
चुपके से याद तुम्हारी तो आ जाती है ।
आ पाते हो तुम नहीं इसी से संभवतः,
मेरे सँग रह आशा के दीप जलाती है ॥42

कहने को तो मन रहता है तन के भीतर,
लेकिन कब बात भला यह सुनता है मेरी ।
खोया रहता हर घड़ी तुम्हारी यादों में,
देता रहता प्रिय के पद - चिन्हों के फेरी ॥ 43

सपनों में जो रहता इतना अपना बन कर,
पल में जिससे मन का नाता जुड़ जाता है ।
पलकों के पिंजरे में   मैं कैसे बंद रखूँ,
वह स्वप्न - गंध सा पंछी बन उड़ जाता है ॥ 44

मन तुम्हें पुकारा करता है चातक बन कर,
हैं प्राण यत्न रत सिद्धि हेतु साधक बन कर ।
आदर्श   धर्म मर्यादा   का   उपधान लिए -
रोका करता है क्यों समाज बाधक बन कर ॥ 45

सूखे उपवन मधुमय समीर बन कर आओ,
मिलने हित अति आकुल अधीर बन कर आओ ।
मन तो   पीपल के पत्र सदृश   डोला करता,
तुम आतुर उर की विकल पीर बन कर आओ ॥46

एकाकी कलिका के सुख मधुबन बन आओ,

टूटती हुई साँसों के जीवन बन आओ।
हूँ अगम सिंधु में जग के प्यासी भटक रही,
तुम तृषि हेतु पीयूष सजीवन बन आओ ॥47

आओ फिर जीवन का तुम शुभ श्रृंगार बनो,
मरुस्थल मन में तुम अमिय सुधा रस धार बनो।
तुम आ जाओ साँसों का प्राणानिल बन कर,
आ भी जाओ फिर इस जीवन में प्यार बनो ॥ 48

जन्मों की प्यास बुझाने को आओ साथी,
सोई तकदीर जगाने को आओ साथी।
जलते तन मन पर बन झीनी फुहार बरसो,
मन की हर पीर भुलाने को आओ साथी ॥ 49

मन के मृदु भावों के प्रेरक बन आ जाओ,
मानस का शून्य गगन जलधर बन छा जाओ।
टूटी हैं धीरज मर्यादा की सीमाएं,
तुम सीमाओं के संरक्षक बन आ जाओ ॥ 50

इन नैनो में फिर स्वप्न मधुर बन कर आओ,
मेरी आशा के राजकुँवर बन कर आओ।
मन मेरा तो व्याकुल पुकारता ही रहता,
सुन कर पुकार मुझसे आतुर बन कर आओ ॥51

आ भी जाओ प्रिय मेरा गीत बुलाता है,
उर की धड़कन का मधु संगीत बुलाता है।
सूनी राहों पर टिकी रही आँखें सूनी,
मन गली गली आँसू के दीप जलाता है ॥ 52

प्यासी मन - धरती के ओ जलधर कजरारे,

जीवन - मरुथल जल - धार मधुर मेरे स्नेही ।
इस विपद विपिन में हो निराश्रिता भटक रही,
प्रतिपल पुकारती तुम्हें तुम्हारी वैदेही ॥56

निर्मम निष्ठुर सा बन कर तुम ने त्याग दिया,
बिन मन प्राणों के जिए कहो कैसे देही ?
पावक - परीक्षिता परित्यक्ता के परमाश्रय,
प्रतिपल पुकारती तुम्हें तुम्हारी वैदेही ॥57

है श्वास समीर उड़ा ले गया सरसता को,
माधुर्य चुरा उर का बन बैठे निःस्नेही ।
है आज खड़ी फिर उन अतीत की गलियों में,
प्रतिपल पुकारती तुम्हें तुम्हारी वैदेही ॥58

चुकता जाता है स्नेह दिया बिन बाती का,
आधार बिना दीवार गिरी मिट्टी में ही ।
हर आहट पर कंपित उर ले भयभीत खड़ी,
प्रतिपल पुकारती तुम्हें तुम्हारी वैदेही ॥59

डर जाती थी जो चमक देख कर तड़िता की,
तव आलिंगन उपचार रहा जिसका स्नेही ।
घन गर्जन सुन थर थर कंपित तरु के तल से,
प्रतिपल पुकारती तुम्हें तुम्हारी वैदेही ॥60

प्रति उषा काल पावन पद पंकज को छू कर,
नयनों में भर विभु रूप मृदुल मादक स्नेही ।
हँस कर जी लेती जो दर्शन को तड़प रही,
प्रतिपल पुकारती तुम्हें तुम्हारी वैदेही ॥61

जो अवधपुरी के ईश सकल जग के त्राता,
मरणोन्मुख मुख गंगा - जल दलितों के स्नेही !
जग भय से भीत दलित परित्यक्ता दुखियारी,
प्रतिपल   पुकारती   तुम्हें   तुम्हारी   वैदेही ।। 62

भादो की ऋतु रिमझिम बरसे भीगा अंबर,
थरथर कांपा करती सुनकर जो हिंसक स्वर ।
वह दया - दृष्टि फिर मांग रही मेरे स्नेही !
प्रतिपल   पुकारती   तुम्हें तुम्हारी   वैदेही ।।63

मेरी प्रथमान्तिम अभिलाषा मेरे सपने,
मेरी आशा के राजकुँवर मेरे अपने ।
यादों के दीप जला कानन के मग में ही,
प्रतिपल पुकारती तुम्हें तुम्हारी वैदेही ।।64

मेरे मानस - मधुबन यौवन की फुलवारी,
मेरे माली ! तुमने सीची तन मन क्यारी ।
हर सुमन कामना का न्योछावर तुम पर ही,
प्रतिपल   पुकारती तुम्हें तुम्हारी   वैदेही ।।65

पावन कानन - बीथी में कुंजों , गलियों में,
ढूँढ़ा करती निशिदिन ऋतु की रंगरलियों में ।
निष्ठुर बन हुए अलक्षित क्यों मेरे स्नेही ?
प्रतिपल   पुकारती तुम्हें तुम्हारी   वैदेही ।।66

जीवन कविता ने ली तन -तरु पर अंगड़ाई,
इस प्रणय गीत की प्रथम पंक्ति तुमने गायी ।
बन उसी गीत की अर्धाली मेरे स्नेही !
प्रतिपल पुकारती तुम्हें तुम्हारी   वैदेही ।।67

तुम बिन है सूख रही जीवन - तरु की डाली,
ले   प्रणय - धार   आ जाओ   मेरे वनमाली ।
यादों का ले संबल भटकी इस वन में ही ।
प्रतिपल पुकारती   तुम्हें   तुम्हारी   वैदेही ॥68

यादें अतीत की प्रतिक्षण तुम्हें पुकार रहीं,
है सजल दृष्टि नित सूनी बाट निहार रही ।
आ भी जाओ दुखियारी का दुख हरने ही,
प्रतिपल पुकारती   तुम्हें तुम्हारी   वैदेही ॥69

इस परित्यक्ता का प्यार बुलाता है तुमको,
गत जो सुख का संसार बुलाता है तुमको ।
अपने जन को क्या सदा रखोगे दुख में ही ?
प्रतिपल   पुकारती तुम्हें तुम्हारी   वैदेही ॥70

है आज तुम्हारा प्यार विपिन की बाहों में,
मेरी   आहें   हैं   खड़ी तुम्हारी   राहों में ।
मेरी साँसों की संचित निधि मेरे स्नेही !
प्रतिपल पुकारती तुम्हें तुम्हारी   वैदेही ॥71

वे   मृदुल स्मृतियाँ यादें वो मेरी पीड़ा,
वे मधुर मिलन क्षण नयनों में घिरती त्रीड़ा ।
इस   पीड़ा का उपचार बनो मेरे स्नेही !
प्रतिपल   पुकारती   तुम्हें तुम्हारी   वैदेही ॥72

तुमको पुकारती हैं प्रतिक्षण मेरी बाहें,
हैं ढूंढ रही सब ओर तुम्हें मेरी चाहें ।
अपनेपन के बंधन तो तोड़े तुमने ही,
प्रतिपल पुकारती तुम्हें तुम्हारी वैदेही ॥73

है दोष भला क्या इतना तो बतला जाते,
चाहे फिर नहीं स्वप्न में भी मेरे आते।
बांधा है मन जीवन का आंचल तुमसे ही !
प्रतिपल   पुकारती तुम्हें तुम्हारी वैदेही ॥74

मेरे निःश्वांसों में है शीतलता घन की,
उच्छवासों में उष्णता भरी अंतर्मन की।
तपते तन मन पर बन फुहार बरसो स्नेही !
प्रतिपल   पुकारती   तुम्हें तुम्हारी वैदेही ॥75

पथ में आशा के दीप जलाये बैठी हूँ ,
उर धड़कन का संगीत सजाये बैठी हूँ।
श्रद्धा होगी नत सदा तुम्हारे पग में ही ,
प्रतिपल पुकारती तुम्हें तुम्हारी वैदेही ॥76

मेरी   आँखें अन्याय नियति का देख रहीं
क्यों मेरे कर में चिर - वियोग की रेख रही ?
यह लेख नियति का क्या न मिटेगा जीते ही ?
प्रतिपल   पुकारती   तुम्हें   तुम्हारी   वैदेही ॥77

तुम राजा हो राजा के दुख कर्तव्य सहो,
पर मुझसे तो अपना इन्च्छित मंतव्य कहो।
औरों के लिए जिए हैं सब रघु के वंशज,
वह ही परिपाटी अपनाओ कुछ नव्य न हो ॥78

जन जन के भाग्य विधाता , तुम सबके न्यायी,
मेरे हित ही क्यों बुद्धि तुम्हारी भरमायी ?
आदर्श सृजक जन – रंजक जनता के रक्षक,
मेरे   हित   ही अन्याय - रेख तुमको   भायी ॥ 79

अति ही दुर्गम जन मन रंजन का कार्य सखे,
पर दुख - कातरता भी तो है अनिवार्य सखे ।
पर - दुखहर्ता अर्धांगिनि को दुख देना ही,
बन गया कहो क्यों इतना दुष्परिहार्य सखे ? 80

अस्मिता पूछती सदा रहेगी नारी की,
थी भूल कौन सी साल गई इस प्यारी की ?
जीवन पथ का हर मोड़ तुम्हें प्रिय टोकेगा,
आहे पूछेंगी व्यथा - कथा दुखियारी की ॥ 81

प्राणों का पंछी तन - पिंजरे में डोलेगा,
घबरा कर एकाकीपन से कुछ बोलेगा ।
उन्मुक्त समीरण ध्वनि होगा नीरवता की,
वह मौन स्वयं ही भेद हृदय के खोलेगा ॥82

प्रिय मेरी साँसें प्रतिक्षण तुम्हें पुकारेंगी,
प्यासी आँखें नित सूनी राह निहारेंगी ।
महकी सुधियों का तुम सिंगार बनोगे ही,
तुमको पुकारती सदा रहेगी वैदेही ॥83

दृग - सीपों से नित जन्मेंगें आंसू - मोती,
उन हारों से प्रिय - स्मृति की सज्जा होती ।
सपनों में तुम बनकर अभिसार मिलोगे ही ।
तुमको पुकारती सदा रहेगी वैदेही ॥84

जब जब सावन बरसायेगा नभ से मोती ,
याद आयेंगी तुमको मेरी आँखें रोती ।
हँस दोगे प्रिय आभास स्वजन का पाते ही ।
तुमको पुकारती सदा रहेगी वैदेही ॥85

जब जब मलयानिल पीतांबर से खेलेगा,
जब झुक अंबर चुंबन वसुधा का ले लेगा ।
प्रतिभासित तुम भीगी रजनी में होगे ही,
तुमको पुकारती सदा रहेगी वैदेही ॥86

मेरी आंखों के अश्रु बुलाएंगे तुमको,
वे मृदुल मधुर संस्पर्श बुलाएंगे तुमको ।
दृग के सपने साकार किये ॖ प्रिय तुमने ही,
तुमको पुकारती सदा रहेगी वैदेही ॥ 87

तुम जीवन में आये मधुरिम संगीत लिये,
मैंने पाया नित तुम्हें प्रीति - नवनीत लिये ।
इस मूक कली को मुखर किया प्रिय तुमने ही ,
तुमको पुकारती सदा रहेगी वैदेही ॥88

दिन तो बीतेगा राजभवन की क्रीड़ा में,
पर रात डुबो देगी तुमको नित पीड़ा में ।
एकाकी मन की हर पुकार कह देगी ही,
तुमको पुकारती सदा रहेगी वैदेही ॥89

जब प्राण पथिक चलते चलते रुक जाएगा,
पग के छाले गिनते गिनते थक जाएगा ।
पदचिन्हांकित हर डगर कहेगी तुमसे ही,
तुमको पुकारती सदा रहेगी वैदेही ॥90

तुम मुझे भुला दोगे वैभव रंगरलियों में,
खो जाएंगी स्मृतियाँ पुर वीथी गलियों में ।
मैंने तो खोया पाया तुम्हें विपिन में ही,
तुमको पुकारती सदा रहेगी वैदेही ॥ 91

तुमने ही तो दी है जीवन को परिभाषा,
तुम ही तो हो तन मन की संचित अभिलाषा ।
यह जीवन मरण रहा प्रतिबिंबित तुमसे ही,
तुमको पुकारती सदा रहेगी वैदेही ॥92

मुझको ये रातें नागिन बन कर डँस लेंगी,
ये मधुर कल्पनाएं स्वप्नों में बस लेंगी ।
आतुर उर - पीर सुनाने को मेरे स्नेही,
तुमको पुकारती सदा रहेगी वैदेही ॥ 93

जब-जब प्रसून - पंखुड़ियों को सहलाओगे,
आभास कहीं उन में मेरा भी पाओगे ।
वह कोमल मृदु संस्पर्श कहेगा तुमसे ही,
तुमको पुकारती सदा रहेगी वैदेही ॥94

मेरी करुणा ले चातक तुम्हें पुकारेगा,
शशि सुमनों पर नीहार बिंदु निज वारेगा ।
तुम सदा रहोगे दूर किंतु मेरे स्नेही,
तुमको पुकारती सदा रहेगी वैदेही ॥95

रितु बदलेगी बदलेगा जग जीवन सारा,
क्या सूखेगी इन आँखों की आँसू धारा ?
यह धारा प्रतिपल राह सजन देखेगी ही,
तुमको पुकारती सदा तुम्हारी वैदेही ॥96

यह आँसू केवल नहीं नयन का पानी है,
इनमें इस सुकुमारी की विकल कहानी है ।
तुम आ न सकोगे पावन पग - रज देने ही,
तुमको पुकारती सदा रहेगी वैदेही ॥97

क्या मेरा कानन - रुदन कभी सुन पाओगे ?
पीड़ा - तारों से इन निज पट बुन पाओगे ?
यद्यपि पुकार अनसुनी रहेगी यह स्नेही !
तुमको   पुकारती   सदा   रहेगी   वैदेही ॥ 98

बिन बाती कैसे यह दीपक जल पाएगा,
बिन प्राणवायु तन कितने दिन चल पाएगा ?
यह चिर वियोग का शाप मिला क्यों जीते ही,
तुमको   पुकारती   सदा   रहेगी   वैदेही ॥99

सीता का साथ किया तुमने स्वीकार नहीं,
कैसे कह दूँ पर तुमको मुझसे प्यार नहीं ?
जब याद आऊँगी तुम्हें तड़प जाओगे ही,
तुमको   पुकारती सदा रहेगी   वैदेही ॥100

मधुमास लगाएगा फेरे उर के द्वारे,
आँखें   मेरी ढूंढेगी तुमको ही प्यारे।
गत के पल दृग में स्वप्न सदृश झलकेंगे ही,
तुमको पुकारती   सदा   रहेगी   वैदेही ॥101

अपने से घबरा कर उपवन में जाओगे,
चातक के स्वर में मेरी ही ध्वनि पाओगे।
फूलों पर बिखरे ओस बिंदु कह देंगे ही,
तुमको   पुकारती   सदा रहेगी   वैदेही ॥ 102

कलियों के संपुट पर जब जब अलि जायेगा,
इन अधर - पुटों का मधु - रस याद दिलायेगा।
गत मिलन क्षणों की स्मृति उर में कसकेगी ही,
तुमको   पुकारती   सदा   रहेगी   वैदेही ॥ 103

जब त्रिविध समीर बहेगा पाटल गंध लिए,
कुछ स्वप्न सहेजोगे पलकों को बंद किए ।
दृग - सीपी में कुछ तो नीहार पलेंगे ही,
तुमको पुकारती सदा   रहेगी   वैदेही ॥104

देखोगे जब जब स्वप्न सजन निज प्यारी के,
दृग नम होंगे मिथिला की राजकुमारी के ।
भीगी पलकों की करुण पुकार सुनोगे ही,
तुमको पुकारती सदा   रहेगी   वैदेही ॥105

मौसम बदले धरती पर अंकुर फूटेंगे,
जब भाग तुम्हारे तुम से ही कुछ रूठेंगे ।
जागे नयनों के स्वप्न कहेंगे तुमसे ही,
तुमको पुकारती सदा रहेगी   वैदेही ॥106

जब बदली सी मानस नभ में घिर आयेगी,
तड़िता सी याद हमारी तुम्हें सतायेगी ।
झर झर झरती जल - धार बतायेगी स्नेही,
तुमको   पुकारती   सदा रहेगी   वैदेही ॥107

आखेट मुग्ध पशु का कर बैठोगे वन में,
मेरी पीड़ा   देखोगे उसकी तड़पन में ।
वे न्याय मांगती आँखें कुछ पूछेंगे ही,
तुमको पुकारती सदा रहेगी   वैदेही ॥ 108

मन की मादक अँगड़ाई के मधुमास सखे,
मेरे जीवन के चिर - पुंजित विश्वास सखे ।
तन छूटेगा पर मन तो एक रहेगा ही,
तुमको पुकारती सदा   रहेगी   वैदेही ॥109

साकेत पुरी का स्वर्ग तुम्हें बहलायेगा,
मेरा यह कानन प्रतिपल तुम्हें बुलायेगा ।
तुम साथ नहीं पर पग में शूल चुभेंगे ही,
तुमको पुकारती सदा रहेगी वैदेही ।। 110

कुछ चुभन भरेगी पीड़ा की दृग प्यालों को,
रज - कण सहला देंगे पावों के छालों को ।
उन रक्त - बिंदुओं में छवि बन झलकोगे ही,
तुमको पुकारती सदा रहेगी वैदेही ।। 111

सच कह दो त्यागा है तुमने बस जीवन से,
है त्याग नहीं पाया मैंने प्रिय के मन से ।
बस एक बार 'तुम मेरे हो' कह दोगे ही,
तुमको पुकारती सदा रहेगी वैदेही ।।112

मेरे हो प्रिय यह कह न सकोगे तुम स्वामी,
वर दो मैं रहूँ तुम्हारी ही नित अनुगामी ।
सूखी पलकों का तुम सिंगार रहोगे ही,
तुमको पुकारती सदा रहेगी वैदेही ।।113

तुम साथ न दोगे मेरा जान गई हूँ मैं,
यह मूल्यहीन जीवन पहचान गई हूँ मैं ।
जीना है अब संतति को जीवन देने ही,
तुमको पुकारती सदा रहेगी वैदेही ।।114

मावस की इस रजनी को अभिनव भोर मिले,
सूखी लतिका को नव किसलय की कोर मिले ।
आओ न किंतु आँखें तो पथ देखेंगी ही,
तुमको पुकारती सदा रहेगी वैदेही ।। 115

अपराध हुआ क्या मुझसे यह बतला जाते,
परित्याग मिला क्यों इतना ही समझा जाते ।
हो मौन   कहोगे कुछ न किंतु मेरे स्नेही,
तुमको   पुकारती   सदा   रहेगी   वैदेही ॥116

बस एक बार दृग के समक्ष आओ स्वामी,
पाया क्या दोष कहो मुझमे अंतर्यामी ।
तुम बिन रहना है मुझे सदा क्या जलते ही ?
तुमको पुकारती   सदा   रहेगी   वैदेही ॥ 117

तुमको अभीष्ट है पत्नी की आँसू - धारा,
बन गए उसी के हित क्यों तुम सागर खारा ?
यह प्रश्न रहेगा   सदा तुम्हारे   मग में ही,
तुमको   पुकारती   सदा   रहेगी   वैदेही ॥118

जन के वचनों से तो सारा शासन हारा,
मेरी अंजलि में क्यों केवल दृग जल खारा ?
युग युग पूछेगी दृष्टि सदा यह तुमसे ही,
तुमको   पुकारती   सदा   रहेगी   वैदेही ॥119

मेरे तन - संभव अंश तुम्हारे ही अंशज,
भटकेगें कानन में ये रघुकुल के वंशज ।
सुलगेंगे बन कर प्रश्न पिता को पाते ही,
तुमको पुकारती   सदा रहेगी   वैदेही ॥120

तुम चक्रवर्ति हो कौशलपति अवधेश रहो,
मेरे हित कोई भूमि कहीं अवशेष न हो ।
होकर समर्थ असमर्थ रहो तुम कितने ही,
तुमको   पुकारती   सदा   रहेगी   वैदेही ॥121

संशय की दृष्टि मिली पर प्रश्रय दे न सके,
यह राज्य तुम्हारा मुझको आश्रय दे न सके ।
उर - विपिन सदा पर सूना है आओ स्नेही,
तुमको   पुकारती   सदा   रहेगी   वैदेही ॥122

तव सिंहासन सूना है राजभवन सूना,
मेरा तो है तन मन सारा जीवन सूना ।
आओ मन प्राणों का सूनापन भरने ही,
तुमको   पुकारती सदा   रहेगी वैदेही ॥123

कुछ दोष नहीं देती तुमको मेरे स्वामी,
अन्तज्र्वाला   दहकायेगी   अंतर्यामी ।
क्या क्षमा मिलेगी तुमको अंतर्मन से ही,
तुमको   पुकारती   सदा   रहेगी वैदेही ।124

नृप नहीं मात्र सामान्य पुरुष यदि तुम होते,
काया को मिलते प्राण नयन ये क्यों रोते ?
ऐश्वर्य   बना अभिशाप कहूँ   कैसे स्नेही,
तुमको पुकारती   सदा   रहेगी   वैदेही ॥125

मैं भूमि - सुता मुझको है कानन ने पाला,
ऐश्वर्य रहा अभिशाप सदा विष का प्याला ।
सूना   मन - कानन आ जाओ मेरे स्नेही,
तुमको   पुकारती   सदा   रहेगी   वैदेही ॥126

अपनी त्रुटियाँ पूछा करती आँसू - धारा,
क्यों हुआ पराया मुझसे ही मेरा प्यारा ?
क्यों जन्मे राजकुँवर ये गहन विपिन में ही,
तुमको   पुकारती सदा   रहेगी   वैदेही ।127

अपराधिनि हूँ तो दंड मुझे ही दो स्वामी,
अपने सुत के अधिकार न यों छीनो स्वामी ।
क्या कह दोगे जब प्रश्न बनेंगे सुत ये ही,
तुमको पुकारती सदा रहेगी वैदेही ॥128

तुम मित्र बने सुत बने किंतु पति बन न सके,
जनता रंजक प्रिय पुत्र पिता ही बन न सके ।
आदर्श और कर्तव्य भुलाए पति के ही,
तुमको पुकारती सदा रहेगी वैदेही ॥129

मर्यादा - पालक जन - रक्षक जन के न्यायी,
निज अंश - प्रसव के लिए बने क्यों अन्यायी ?
कर्तव्य अधूरे ये तुम से पूछेंगे ही,
तुमको पुकारती सदा रहेगी वैदेही ॥130

जो रही सदा से हर दुख सुख में छाया सी,
उसकी ही श्रद्धा लगी तुम्हें क्यों माया सी ?
उस श्रद्धा को प्रतिकार मिला आँसू से ही,
तुमको पुकारती सदा रहेगी वैदेही ॥131

संगिनी तुम्हारी विष का पात्र भले पी ले,
सुत वन्य जंतुओं का साथी बन कर जी ले ।
देखने स्वकृति की परिणति ही आओ स्नेही,
तुमको पुकारती सदा रहेगी वैदेही ॥132

मर्यादा पुरुषोत्तम कहता है विश्व तुम्हें,
मैंने तो है माना अपना सर्वस्व तुम्हें ।
उस मर्यादा का रूप पूछने को स्नेही,

तुमको पुकारती सदा रहेगी वैदेही ॥133

हे नाथ तुम्हें सीता से कोई कष्ट न हो,
पग कभी तुम्हारा कर्म पंथ से भ्रष्ट न हो ।
लव कुश जननी का जीवन नष्ट रहे यूं ही,
तुमको पुकारती सदा रहेगी वैदेही ॥134

हे राम ! रमो इस अखिल सृष्टि के कण-कण में,
हो विश्व प्रभासित तुमसे ही नित क्षण क्षण में ।
यह धूल मलय बनती चरणों को छूते ही,
तुमको पुकारती सदा रहेगी वैदेही ॥135

मध्यान्ह काल के अर्क ! वियद में भासित हो,
साम्राज्य तुम्हारा यह तुमसे ही शासित हो ।
निज छाया त्यागी तुम तो रहो प्रकाशित ही,
तुमको पुकारती सदा रहेगी वैदेही ॥136

हे राम ! तुम्हीं तन मन जीवन में रमे रहो,
तज कर पति का दायित्व प्रजा के बने रहो ।
तुम रहो भले ही दूर किंतु मेरे स्नेही,
तुमको पुकारती सदा रहेगी वैदेही ॥ 137

........$........$........$.......सम्पूर्ण.......$........$........$........